Ludovic Escande

AUF EINE ZIGARETTE AM MONT BLANC

LUDOVIC ESCANDE

AUF EINE ZIGARETTE AM MONT BLANC

Wie ich den höchsten Gipfel
der Alpen bestieg, obwohl ich dort
nichts zu suchen hatte

Aus dem Französischen
von Holger Fock
und Sabine Müller

MALIK

Mehr über unsere Autoren und Bücher:
www.malik.de

Die französische Originalausgabe erschien 2017 unter dem Titel
»L'Ascension du Mont Blanc« bei Allary Éditions, Paris.

Anmerkungen zu den mit Sternchen versehenen Begriffen
und Passagen finden Sie am Ende des Buches.

ISBN 978-3-89029-501-5

Abbildung: Yauhen Novikau/Shutterstock; stock.adobe.com
Satz: psb, Berlin
Gesetzt aus der Bodoni
Litho: Lorenz & Zeller, Inning am Ammersee
Druck und Bindung: GGP Media GmbH, Pößneck
Printed in Germany

Für Bérenice, Tristan & Édouard

Flamme. Ich mag dieses Wort. Ich stelle mir ein Feuer vor und einen Mann, der in den Flammen auftaucht, sein Körper als Fackel wie bei dem Superhelden aus »Die Fantastischen Vier«. Wenn ich nachts nicht schlafen kann, schaue ich mir im Wohnzimmer allein auf YouTube Videos von röhrenden Motorrädern an, deren Hinterreifen auf dem Asphalt Feuer fangen. Ihre ungestüme Kraft fasziniert mich. Tagsüber, im Büro, schwebe ich über allem, habe ich alles im Griff. Was ich für Stärke halte, ist jedoch nur Leichtsinn. Meine Gleichgültigkeit gegenüber den Dingen ist das Opium meiner Tage. Ich merke nicht, dass meine Ehe in Flammen aufgeht.

Als es in dieser merkwürdigen Zeit besonders turbulent zugeht, esse ich mit Sylvain Tesson zu Abend. Ich habe gern Schriftsteller um mich. Ein Universitätsprofessor hat mir einmal erklärt, dass Jazzmusiker anders seien als andere Menschen. Dieser Satz ist mir lange nachgegangen. Ich glaube tatsächlich, dass Künstler, Schriftsteller nicht so sind wie wir, die Norm hat weniger Macht über sie. An ihrer Seite kann man getrost verrücktspielen, man riskiert keine Rote Karte.

Wir haben Ende Oktober, die Tage sind kurz und grau, die Dunkelheit bricht schnell herein. Sylvain hat eine kleine Kneipe beim Jardin du Luxembourg ausgesucht. Wir wollen über seine Buchprojekte sprechen. Seltsamerweise ist mein Beruf als Lektor der einzige Aufgabenbereich, in dem ich noch einen freien Kopf habe. Sonst lasse ich nichts an mich heran. Die Aufmachung des Restaurants ist folkloristisch, man könnte glauben, man sitze im Gasthaus aus dem Film »Die große Sause«.

»Hier fühlt man sich wohl«, sagt Sylvain mit einem Lächeln zu mir.

»Die Küche macht mir ein wenig Sorgen.«

»Abgesehen von der Erdbeertorte aus der Tiefkühltruhe ist das Essen, glaube ich, nicht schlecht.«

»Warum hast du gerade dieses Restaurant ausgewählt?«

»Weil es zwanghafte Stadtmenschen wie uns auf andere Gedanken bringt.«

Eine üppige Dame in Tiroler Tracht kommt an den Tisch, einen Notizblock in der Hand.

»Was darf ich Ihnen bringen, meine Herren?«

Aus Vorsicht bestellen wir das Tagesgericht ...

»Etwas Wein dazu?«, fragt sie.

»Was möchtest du lieber, Ludovic, alter Knabe, weiß oder rot?«

»Für mich lieber Weißwein.«

»Weißwein trinken, Farbe bekennen. Ausgezeichnete Wahl. Eine Karaffe, bitte.«

»Lieber eine Flasche.«

Sylvain wirft mir einen halb überraschten, halb neugierigen Blick zu.

»Ja, natürlich, entschuldigen Sie bitte, Madame, ich meinte natürlich eine Flasche! Ganz nach der Devise: Das Essen begießen, den Abend genießen!«

Mit dem Chablis und dem gut gelaunten Sylvain wird mir leichter ums Herz, aber noch immer spüre ich den dumpfen Widerhall, den die ungewisse Situation in mir erzeugt. Ich zögere, ihm von dem Chaos in meinem Leben zu erzählen. Es ist eine heikle Sache, private Dinge anzusprechen, wenn die Beziehung auf beruflichem Austausch gründet.

»Seit ein paar Monaten läuft es nicht besonders gut zu Hause. Ich glaube, wir werden uns scheiden lassen.«

»So ein Mist …«, sagt er traurig. »Man merkt, dass es dir schon mal besser gegangen ist. Bleib stark.«

»Wir haben nicht gemerkt, wie sehr wir uns auseinandergelebt haben. Vor allem ich nicht, denn das Problem liegt offensichtlich mehr auf meiner Seite.«

Ich nehme einen großen Schluck Chablis.

»Fährst du heute Abend mit dem Motorrad nach Hause?«, fragt mich Sylvain.

»Wenn du in der Banlieue wohnst, hast du keine andere Wahl, es ist praktischer als mit der Bahn.«

»Es ist heute einfacher, im Eurostar nach London zu kommen als mit öffentlichen Verkehrsmitteln nach Cergy-Pontoise. Wie lange brauchst du?«

Ich denke an die flammenden Superhelden, die durch die Lüfte rasen, ohne sich um irgendetwas zu scheren, und die Nacht hell erleuchten, wenn alles in Dunkelheit versinkt.

»Keine Ahnung, ich fahre sehr schnell, da kann ich mir die Frage sparen.«

»Oje, ich weiß, Geschwindigkeit ist eine starke Droge.«

»Ich wäre gern wie du, nicht in meinem Leben gefangen und frei wegzugehen, wann ich will.«

»Und wo würdest du hingehen?«

»Hoch hinauf, ganz weit nach oben, um andere Luft zu atmen. Ich wünschte, ich wäre in der Lage, Gipfel zu besteigen. Aber das ist unmöglich, ich stecke hier unten fest.«

»Warum unmöglich?«

»Weil ich kein Bergsteiger bin und einen Mordsbammel vor dem Abgrund habe. Ich bin nicht so stark wie du in diesen Dingen.«

»Das ist keine Frage von Stärke.« Er schweigt kurz, dann fährt er fort: »Ludovic, mein Guter, ich werde dich auf den Gipfel des Mont Blanc mitnehmen!«

Er greift nach seinem Glas, um einen Toast auszusprechen.

»Du machst Witze!«

»Keineswegs. Ich meine es ernst. Es wird viel Tamtam um den Mont Blanc gemacht, aber ein wenig Training und gutes Schuhwerk genügen, um hinaufzukommen. Ich leihe dir die Ausrüstung. Welche Schuhgröße hast du?«

»Ähm … Größe 41.«

»Ich habe Größe 43, wenigstens musst du deine Füße nicht in zu enge Schuhe zwängen. Und wie Goethe schon sagte, es kommt darauf an, sich wohl zu fühlen.«

»Das hat Goethe gesagt?«

»Absolut. Ich bin sicher, der alte Goethe hat mindestens einmal in seinem Leben diesen Kultspruch rausgehauen.«

»Sylvain, ich kann nicht klettern. Ich habe Höhenangst.«

»Vertrau mir. Ich kenne sehr wirksame Mittel, um gegen Schwindelgefühle anzukämpfen. Und ich kann dir zwei oder drei Ratschläge von Männern geben, die den Mount Everest bezwungen haben. Der erste lautet, das Seil des Vordermanns gut festhalten. Der zweite, nicht nach unten schauen.«

»Ach ... Und der dritte?«

»Augen schließen, wenn man Angst hat.«

Die Flasche ist fast leer. Der Augenblick ist da, in dem der Alkohol alles möglich macht, die Hindernisse sind beiseitegeräumt, und die Zeit ist aufgehoben. Der Abend hätte sich noch endlos ausdehnen und, befeuert vom Kraftstoff des Rausches, in diesem Tempo weitergehen können. Sylvain streckt mir über dem Tisch die Hand entgegen, und wir besiegeln unseren Pakt. Sein starker Bergsteiger-Händedruck quetscht meine Finger zusammen. Er wirft einen Blick auf die protzige sowjetische Armbanduhr, die er aus Moskau mitgebracht hat.

»Wir haben Donnerstag, den 11. Oktober, es ist 23 Uhr. Bis zum nächsten Sommer bist du so weit, mit mir den Mont Blanc zu besteigen. Hier dein Trainingsplan: In Sachen Alkohol und Zigaretten belässt du es, wie es ist. Es wurde nichts Besseres erfunden als Wein und Tabak, um die Arterien gesund zu halten. Du baust lediglich zwei oder drei Joggingrunden von einer Stunde in dein Wochenprogramm ein. Und zur Ergänzung machst du jeden Morgen Liegestütze und Klimmzüge.«

»Einverstanden. Aber bist du sicher, dass das ausreicht? Ich muss doch einiges aufholen.«

»Ja. Ich für meinen Teil werde meinen Kumpel Du Lac rekrutieren, der Bergführer ist. Er wird dein Scherpa sein. Ideal wäre es, wenn wir eine Woche vor dem Aufstieg ankämen, damit du dich in der Höhe akklimatisierst und an den Fels gewöhnst. Ich muss mal mit dem Kameraden Rufin sprechen, ob er uns in seinem Chalet in Saint-Gervais beherbergen kann.«

Ein Schriftsteller hat einmal in einer Fernsehsendung erzählt, dass er während seiner Scheidung nur noch ein halber Kerl gewesen sei. Ich merke, dass ich nur noch ein Drittel meiner selbst bin. Dieses Drittel macht seine Arbeit und zieht um in eine Zweizimmerwohnung, die ich in der Nachbarstadt von Enghien-les-Bains gemietet habe, wo wir ein kleines Haus besitzen. Trotz des trostlosen Eindrucks, den die kleine Gemeinde im Val-d'Oise macht, bringt meine neue Adresse meist jeden zum Lachen, dem ich sie mitteile. Denn ich wohne hier in der »Rue de l'Avenir« in »Deuil-la-Barre«, also in der »Zukunftsstraße« in »Trauerpfosten«. Wenn ich studierter Psychoanalytiker wäre, hätte ich wahrscheinlich einen anderen Ort für den Absturz gewählt, denn ich muss zugeben, dass ich mich in dem Augenblick, als ich dort einziehe, im freien Fall befinde.

Ich habe kein Möbelstück mitgenommen, alles ist neu in diesem Appartement in einem Wohnblock zwei Schritte entfernt vom Bahnhof für die Vorortzüge im Pariser Speckgürtel. Das Mobiliar habe ich an einem einzigen Nachmittag bei Ikea gekauft – ich ließ mich vom Musterappartement im Möbelhaus inspirieren. Ich kann bestätigen, dass Ikea mein Lieferant für alles geworden ist. Von der Gabel bis zum Sofa tragen alle Gegenstände Vornamen, die aus »Der Herr der Ringe« stammen könnten. Doch das stört mich nicht, denn ich vermeide es, längere Zeit zu Hause zu sein. Die Stille in meinem neuen Heim stürzt mich in einen Zustand tiefer Traurigkeit. Ich verbringe viel Zeit im Büro oder auf dem Motorrad, da ich täglich zweieinhalb Stunden nach Paris und zurück pendle. In meiner verbleibenden Freizeit widme ich mich dem Laufen und der Gymnastik. Ich jogge am Wochenende, und um nicht fünf Tage am Stück ohne Sport zu sein, halte ich mir den Mittwochabend frei. Mitten im Winter ist es um siebzehn Uhr bereits stockdunkel, sodass ich eine Stirnlampe trage, wenn ich in den Wald von Montmorency aufbreche – es ist der einzige Ort, an dem ich das Joggen nicht entmutigend finde. Eine peinliche Begegnung mit einem Paar, das sich, an einen Baumstumpf gelehnt, vergnügt, überzeugt mich allerdings davon, dass ich die Laufzeit ändern muss.

Das Training, das Sylvain mir vorgeschlagen hat, erfordert es, meinen Alkohol- und Tabakkonsum zumindest in den ersten Wochen einzuschränken, um das Tempo des Trainingsplans einzuhalten, denn die Änderung des Lebensrhythmus strengt meinen Organismus an. Wegen der Trennung finde ich schlecht in den Schlaf. Selbst wenn ich vom Sport erschöpft bin, wache ich jede Nacht zwischen drei und vier Uhr morgens auf und mache bis zum Morgengrauen kein Auge mehr zu. Ich überlege mir verschiedene

Entspannungsmethoden, versuche es zuerst damit, einen Film anzuschauen, doch keine Geschichte kann mich wirklich fesseln. In meinem Kopf läuft ein anderer Trailer, in dem ich eine schlechte Rolle spiele und der Übeltäter bin, der die familiäre Katastrophe verursacht hat. Ich denke an meine Kinder, an ihre offenkundige Trauer und an die Unruhe, die diese endlose Trennungsphase stiftet. Ich versuche auch, mich auf andere Gedanken zu bringen, indem ich im Internet surfe. Ich besuche verschiedene Länder, doch die Erde vom All aus gesehen verstärkt letztlich nur meine Schwermut, so unmenschlich sind die grünen und flach gedrückten Bilder unserer Kontinente. In meinem Kummer zieht mich das Netz wie ein ungesunder Strudel in sich hinein. Je mehr Seiten ich besuche, desto mehr fesseln mich morbide Videos von Flugzeugabstürzen und Luftbombardements. In einer besonders beklemmenden Nacht stoße ich auf grauenhafte Bilder von Tierschlachtungen, die mich in einen so eigentümlichen Angstzustand versetzen, dass ich gezwungen bin, einen Freund per Telefon zu wecken, um wieder mit der Welt der Lebenden in Verbindung zu treten.

Die Wochen gehen vorbei, ich komme durch den Winter, indem ich an meinem Sportprogramm festhalte. Ich habe gelernt, dass ich bei kaltem Wetter eine Mütze, Handschuhe und einen Halswärmer aus Fleece tragen sollte, um mich nicht zu erkälten. Morgens um sieben Uhr, wenn ich von Deuil-la-Barre in den Wald von Montmorency starte, laufe ich lange Autoschlangen entlang, die zur Arbeit nach Paris fahren. Ich trabe in die entgegengesetzte Richtung der Staus und fühle mich so schuldig, als schwänzte ich den Gymnasialunterricht. Lange habe ich mich auf zwanzig Minuten Laufen beschränkt, denn meine Lunge brennt und mein Herz gerät außer Takt. Zudem beschäftigen mich die Schmerzen beim Abwinkeln meiner Knie. Eines Morgens beschließe ich, einen Fachmann zu konsultieren, den ich mit einer App der Gelben Seiten auf meinem Handy suche. Ich finde eine Ärztin ganz in der Nähe meines Appartements. Der unvorhergesehene Ausflug hebt meine Stimmung, zumal es bald Frühling ist. Die Frau mir gegenüber ist ungefähr fünfzig, sie hat eine raue Stimme und einen schönen braunen Blick, mit dem sie mich misstrauisch mustert. Hinter ihr, an die Wand gepinnt, ein Poster von Pink Floyd.

»Nun, Herr Escande, wo tut's denn weh?«

»Ich habe Schmerzen in den Knien. Ich trainiere, um diesen Sommer auf den Mont Blanc zu steigen, seit einiger Zeit laufe ich viel.«

»Haben Sie zuvor Sport gemacht?«

»Nicht richtig.«

»Was machen Sie dagegen, nehmen Sie Medikamente?«

»Ich nehme Doliprane gegen die Schmerzen.«

»Sonst nichts?«

Ich gerate in eine Verwirrung, die unerklärlich ist angesichts dieser einfachen Frage. Ich spüre Angst in mir aufsteigen, als hätte man mich beim Schwindeln ertappt, und ich beginne zu stammeln.

»Ich nehme täglich Doliprane. Aber ich nehme auch ... Aspirin ... Advil und Voltaren ... damit es besser wirkt. Wissen Sie, manchmal schmerzt es wirklich sehr ...«

»Schlafen Sie gut?«

»Nein, nicht besonders. Ich kann schlafen, wenn ich Fervex nehme.«

»Sind Sie auch erkältet?«

»Nein ... es ist nur so, dass ich festgestellt habe, dass Fervex mich einschlafen lässt ...«

»Prima. Rauchen Sie?«

»Ja, etwa sechzehn Zigaretten am Tag ...«

»Also eine Packung. Und Alkohol?«

»Wein. Wie jeder.«

»Sicher. Wie viele Gläser ungefähr?«

»Nicht mehr als fünf ... Das ist ganz normal, denke ich.«

Ich sehe, wie sie sich Notizen macht, als würde sie bereits die Sprechstunde des künftigen Patienten vorbereiten.

»Ich hoffe, ich habe mir keine Bänder oder den Meniskus gerissen«, sage ich albern, »das wäre mit Blick auf den Sommer sehr ärgerlich. Schlimmstenfalls, nehme ich an, könnte man mir Injektionen geben. Ein Alpinist, mit dem ich befreundet bin, hat mir gesagt, das hätte ihm gut geholfen, und Sie verstehen sicher ...«

»Nein, Herr Escande, ich verstehe nicht«, sagt sie plötzlich und hebt den Arm, um mich zu unterbrechen. Sie legt ihren Stift weg und lehnt sich auf ihrem Stuhl zurück.

»Muss ich mich röntgen lassen?«

»Hören Sie, wir setzen Sie jetzt auf null. Zuerst nehmen Sie eine große Plastiktüte und sammeln all die Medikamente ein, die Sie besitzen. Dann bringen Sie den ganzen Kram mit Grüßen von mir in die Apotheke an der

Ecke. Anschließend werde ich Ihnen ein Schlafmittel verschreiben, Stilnox, das Sie abends direkt vor dem Zubettgehen einnehmen.«

»Einverstanden, und meine Beine?«

»Sie müssen etwas sehr Wichtiges verstehen. Aus medizinischer Sicht bereitet man seinen Organismus auf diese Weise ganz und gar nicht auf einen Aufenthalt im Hochgebirge vor. Also Schluss mit dem Rauchen, Schluss mit dem Trinken. Was Ihre Beine angeht, werden wir sehen, aber ich denke, es handelt sich um Muskelkater. Wenn Sie Ihr Training besser ausrichten, wird das genügen.«

Der Vorteil des Verlagshauses, bei dem ich arbeite, sind die zahllosen Treppen, denn die Anzahl der Büros nahm in dem Maße zu, wie der Verlag wuchs, und so ist das Innenleben des Gebäudes heute auf komplizierte Weise verschachtelt. Mein Büro liegt im dritten Stock, es bietet eine friedvolle Aussicht auf den Garten, wo jede Jahreszeit sich mit ihren Farben an den Bäumen und Blumen austobt. Ich nehme den längsten Weg, um einen Brief im Erdgeschoss abzugeben. Ich steige die Stockwerke hinauf und hinunter, durchquere die verschiedenen Abteilungen, um nach zwanzig Minuten in der Presseabteilung anzukommen. Zufällig begegne ich Jean-Christophe Rufin. Ich weiß immer, wenn er im Haus ist, weil er mit dem Klapprad kommt, seinem Fortbewegungsmittel in Paris. Er parkt es unter dem Minitel-Gerät, das wir aus irgendeinem rätselhaften Grund aufbewahren wie eine Reliquie aus dem 20. Jahrhundert. Ich gehe ins Büro seiner Pressereferentin. Er steht da, lehnt am Fenstersims, das zum Garten hinausgeht. Im Gegenlicht zeichnet sich seine hohe Gestalt scharf ab. Er trägt einen dunklen Anzug und ein weißes Hemd.

»Ich weiß noch nicht, ob ich mit euch mitkommen kann«, sagt er. »Ich habe zugesagt, im Juni zum Salon du Livre nach Nizza zu fahren, um Bücher zu signieren. Und außerdem fühle ich mich zu alt, ich werde euch nicht folgen können. Betagte Herren wie ich machen Thalassotherapie und Strandspaziergänge im Dufflecoat.«

»Hör auf, du bist besser trainiert als ich. Als würdest du gerade von den Olympischen Spielen zurückkommen. Wir haben das Datum jedenfalls noch nicht festgelegt. Wir besteigen den Mont Blanc zusammen, wie wir es von Anfang an geplant haben.«

»Von wegen! Von all diesen Abendessen in Paris bin ich fett geworden wie ein Schwein. Habt ihr schon entschieden, welche Route ihr nach oben nehmen wollt?«

»Sylvain und Daniel wollen einen Weg auf der italienischen Seite gehen. Die Route ist anscheinend herrlich. Kennst du sie?«

»Ja, sie ist vor allem herrlich bescheuert ... es sei denn, ihr wollt euch alle zusammen umbringen. Ich erklär's dir: Die Arête des Italiens, wie wir die Route nennen, sehe ich von der Terrasse meines Chalets in Saint-Nicolas aus. Das ist ein langer, verschneiter Grat, so breit wie ein Fahrradsattel mit 800 Metern Luft zu beiden Seiten.«

»Mist ... die haben keine Ahnung, ich werde krepieren.«

»Aber nein, du riskierst lediglich einen epileptischen Anfall oder einen Herzinfarkt. Schade, denn der Grat ist nicht breit genug, um sich für eine Herzmassage draufzulegen.«

»Hör auf mit dem Quatsch ...«

»Eigentlich gibt es nur eine Art, sich auf dem Grat zu sichern: Wenn einer abstürzt, muss man auf die andere Seite springen, um ein Gegengewicht herzustellen. Das ist eine ziemlich grundlegende Technik. Dann kannst du zu Petrus beten, dass die Bergwacht schnell kommt, denn wenn du erst hängst wie ein Würstchen, bleibt dir nichts anderes übrig, als dich zu gedulden.«

»Meine Güte, ich muss Sylvain sagen, dass das nicht meinem Können entspricht. Kannst du nicht auch mit ihm sprechen, auf dich hört er?«

»Das Problem ist, dass er nur jedes dritte Mal auf mich hört, sonst würde er nicht so viele Dummheiten machen. Dieser Irrsinn mit der Arête des Italiens, das ist wieder mal typisch für ihn und Daniel. Wenn sie zusammen sind, kann nichts sie aufhalten, die beiden sind echte Kamikaze. Aber gut, ich spreche mit Sylvain, ich sehe ihn diese Woche, er kommt zum Essen zu mir.«

Donnerstag, 27. Juni. Es ist der Abend vor unserer Abreise nach Chamonix. Jean-Christophe zögert noch immer, den Aufstieg mit uns zu machen. Er behauptet, er sei müde vom Erscheinen seines letzten Buchs und der Promotion dafür. Doch ich habe den Verdacht, dass er das Können seiner Kumpels überschätzt, und besonders meines. Ich bin nicht in bester körperlicher Verfassung, obwohl ich mich minutiös an Sylvains Sportprogramm gehalten habe und ein bisschen weniger an das der Ärztin. Ich rauche ein Päckchen Zigaretten am Tag, ich schlafe mithilfe von Arzneimitteln, ich dämpfe meine Ängste mit Beruhigungsmitteln, und ich trinke mehr, als vernünftig ist. Mein Körper ist ein medizinisches Experimentierfeld, mein Blut ein unzuverlässiger, mit Chemie und Alkohol vollgepumpter Fluss.

Der Plan ist, morgen mit Sylvain in meinem Renault Clio loszufahren. Ich soll ihn in seiner Wohnung bei der Kirche Saint-Séverin im Zentrum des Quartier Latin abholen. Da ich keine Bergsteigerklamotten besitze, will er seinen Fundus plündern, um mich auszustatten. Dann fahren wir in einem Rutsch zum Chalet von Jean-Christophe an den Hängen von Saint-Gervais.

Bei einem Cocktail in den Räumen von Gallimard unterhalte ich mich mit Patrick Modiano. Ich weihe ihn in mein Projekt der Mont-Blanc-Besteigung ein. Plötzlich wird er lebhaft, stellt mir genaue Fragen zu Planung, Ausrüstung und Umsetzung. Am Ende unseres Gesprächs bittet er mich mit einer Begeisterung, die mich rührt, ihm eine Postkarte aus Chamonix zu schicken. Daraufhin wendet er sich zum Garten hin, streckt den Arm aus in Richtung des Pavillons der Pléiade am anderen Ende und deutet mit dem Finger aufs Dach: »Dort oben wollen Sie also hin?« Ich erwidere, wir hätten vor, bis zum Gipfel aufzusteigen, wenn das Wetter es erlauben würde. Er drückt mir herzlich die Hand und wiederholt: »Denken Sie daran, mir eine Postkarte von dort oben zu schicken?«

Freitag, 28. Juni, neun Uhr früh. Vom Stadtrand kommend fahre ich zwischen Wolkenkratzern, in denen die größten französischen Unternehmen ihren Firmensitz haben, auf dem Ring um das Stadtviertel La Défense. Mein Handy klingelt, es ist Sylvain. Ich höre eine schwache und atemlose Stimme. Er erklärt mir, über Nacht habe sich sein Gaumenzäpfchen stark entzündet, es sei dick wie ein Tischtennisball, der in seiner Kehle stecke. Er kann schwer atmen, muss in die Notaufnahme des Cochin-Hospitals. Ich bräuchte nur bei ihm zu warten, bis der Arzt ihn untersucht habe.

In seiner Wohnung finde ich den Fußboden übersät mit Spezialkleidung, Seilen, Karabinern und Kletterschuhen vor. Unter den merkwürdigen Objekten, die er von seinen Reisen mitgebracht hat, entdecke ich einen napoleonischen Dreispitz. Gegen elf Uhr, als er den Schlüssel im Schloss umdreht, sitze ich gerade mit dem Dreispitz auf dem Kopf und einer Pistole in der Hand an seinem Schreibtisch. Trotz seiner Müdigkeit lacht er über meine Verkleidung.

»Jetzt trinken wir erst mal einen richtig heißen Tee, Kamerad, das bringt mich auf andere Gedanken! Der Arzt hat mir Kortison verschrieben, mein Zäpfchen müsste im Laufe des Tages abschwellen.«

»Aber was ist dir denn schon wieder passiert?«

»Och, nichts Besonderes! Ich war gestern Abend mit dem Motorrad unterwegs, mit nacktem Oberkörper, und das hat mir mein Organismus nicht richtig verziehen. Gefällt dir der Film ›Easy Rider‹?«

»Ja, aber er ist etwas in die Jahre gekommen, finde ich. Wird es gehen mit deinem Hals?«

»Keine Sorge, morgen früh können wir starten. Das reicht noch gut und gibt uns Zeit, dir im Vieux Campeur Schneegamaschen zu kaufen.«

Das Kortison hat gewirkt. Sylvain ist wieder bester Stimmung, wir spazieren durch die belebten Straßen des Quartier Latin.

Am Abend feiern wir seine Genesung und unsere Abfahrt. Marianne, Sylvains Lebensgefährtin, stößt um achtzehn Uhr zu uns. Eine junge, schlanke Frau, in deren großen schwarzen Augen ich eine fiebrige Unruhe bemerke.

Sie legt ein Buch auf den niedrigen Wohnzimmertisch, das Tagebuch von Mireille Havet, die in den Zwanzigerjahren in literarischen Kreisen verkehrte – eine unabhängige, faszinierende Persönlichkeit mit unglücklich plumpen Gesichtszügen. Versunken in einer gewaltigen Liebessehnsucht ohne Objekt, blutete ihr das Herz unaufhörlich. Sie bahnte sich einen Weg zwischen Worten und Kokain, zwischen Vormittagen, die wie Dämmerungen waren, und aufregenden Abendstunden, in denen sie mit ihren Künstlerfreunden hitzig diskutierte. Marianne erzählt voller Leidenschaft davon, ich überfliege einige Seiten und bin überrascht von der Verzweiflung in Havets Texten, in denen sie ihrem zerstörerischen Taumel Worte gab. Mireille Havet starb mit 33 Jahren an Erschöpfung.

Als meine Freundin kommt, ein hübsches, neckisches Mädchen, das ich einige Tage zuvor kennengelernt habe, entkorkt Sylvain eine Flasche Champagner. Nachdem wir uns rasch beschnuppert haben, werfen wir Musik an und tanzen. In Hochstimmung durch dieses improvisierte Fest bekommen wir Lust, uns zu kostümieren. Marianne verkleidet sich als Schiffskapitän, meine Freundin als Jockey, Sylvain als Polospieler, und ich setze wieder Napoleons Hut auf. Der Geräuschpegel steigt, wir gestikulieren lachend in unseren bizarren Aufmachungen auf der Terrasse.

Tanzen macht Appetit. Als die Glocken von Saint-Séverin zehn Uhr läuten, haben wir gerade eine zweite Flasche Champagner geleert. Sylvain schlägt vor, in einer Bar um die Ecke Tapas zu essen. Bevor wir die Wohnung verlassen, überzeugt er mich davon, uns umzuziehen, damit wir gekleidet sind wie Hinz und Kunz. Er leiht mir ein weißes

Hemd, eine Clubkrawatte und eine Smokingjacke, die modrig und nach Patschuli riecht. Mit meiner Drillichhose und den orangefarbenen Basketballschuhen sehe ich noch grotesker aus als mit dem Napoleonhut. Wir schwanken zu einer Bar, wo die Bedienung, nachdem sie Sylvain erkannt hat, auf Anhieb Mojitos und einen Teller Tortillas auf den Tresen stellt. Bei mir ist der alte Kitzel der Trunkenheit wieder da mit den Erinnerungen, die damit verknüpft sind. Ich habe die letzten Juninächte vor Augen, in denen ich nach dem Abendessen aus einer Laune heraus mit dem Motorrad losfuhr über die A11 zum Landhaus meiner Eltern im Perche, 140 Kilometer von Paris entfernt.

Während wir uns zum Essen an den Tresen setzen, ziehen die atemberaubenden Bilder von der Autobahn im Scheinwerferlicht meiner Maschine wieder an mir vorüber. Ich sehe mich, wie ich mit Höchstgeschwindigkeit über die Straße jage und, hypnotisiert vom Tempo und dem Funkeln der reflektierenden Straßenmarkierungen, den Oberkörper auf den Tank gepresst, Lastwagen überhole.

Die Bar leert sich, in unserer kleinen Gesellschaft steigt das Fieber. Ganz hinten im Raum, an der Wand, steht ein altes Klavier. Sylvain wirft eine Art Polka hin. Meine Freundin ist nach draußen gegangen, um eine Zigarette zu rauchen, wo sie, als ich ihr nachkomme, drei jungen Typen im Anzug lauscht, die auf Playboy machen. Ich nähere mich lächelnd und frage, ob alles in Ordnung sei. Sie packt mich am Arm und zieht mich ein Stück weiter.

Um zwei Uhr früh verlassen wir die Bar und gehen entlang des Jardin du Luxembourg durch die ruhigen Straßen zu Fuß zurück. In fünf Tagen nimmt unsere Seilschaft den

Mont Blanc in Angriff, aber ich bin schon hier vollkommen berauscht.

Samstag, 29. Juni. Endlich fahren wir mit dem Auto nach Saint-Gervais. Wir laden vier riesige Rucksäcke und zwei fünfzig Meter lange Seile in den Clio. Gaffer beobachten neugierig das malerische Durcheinander von Pickeln und Karabinern, die auf dem Gehweg klingeln wie Glöckchen.

Während der Fahrt auf der Autobahn sprechen wir über die Autoren und Bücher, die bei unserer Entdeckung der Literatur eine wichtige Rolle gespielt haben. Sylvains Vorlieben überraschen mich durch ihre Vielfalt und ihren bisweilen unvereinbaren Charakter. Er erzählt von Homer, von dem er die »Odyssee« gelesen hat, von Gaston Rébuffat und seinen Bergsteigergeschichten und von Jean Lorrain, einem Schriftsteller des ausgehenden 19. Jahrhunderts, der durch seine Lebensführung Aufsehen erregte und dessen Werk nahezu vergessen ist. Als wir die A6 verlassen und auf die A40 Richtung Genf abbiegen, fangen wir schließlich an, über die Frauen zu sprechen, die wir geliebt haben, aber auch über Unbekannte wie diese Miss Nantua oder jene Miss Oyonnax, an deren Städten wir vorbeibrausen, als wir über die gigantischen Hängebrücken der weißen A40 fahren. Wir versuchen uns das Liebesleben dieser jungen Frauen in der postindustriellen, zwischen Bergen eingeklemmten Gegend vorzustellen.

Um sechs Uhr abends kommen wir in Saint-Gervais an. Jean-Christophes Chalet liegt hoch über einem kleinen Dorf in 1500 Metern Höhe. Ein Panoramablick tut sich auf: Man sieht aneinandergereiht den Grat der Aiguille de

Bionnassay, den Dôme du Goûter und den Mont Blanc. Da Jean-Christophe noch nicht da ist, werfe ich gemäß den Anweisungen, die er auf einen Zettel gekritzelt hat, den Heizkessel an. Offenbar ist es nicht so einfach wie auf der Zeichnung, es funktioniert nicht. Ich suche Hilfe bei Google, bekomme aber nur deutsche Ergebnisse. Nachdem ich mich lange genug abgemüht habe, werde ich schließlich mit dem tiefen Fauchen einer Flamme im gusseisernen Ofen belohnt.

Jetzt kommt auch Daniel, der Bergführer, an. Er stellt zwei mit Seilen, Gurten und Expresssets behangene Rucksäcke in den Flur. Der Kühlschrank ist leer, wir fahren ins Dorf hinunter auf der Suche nach einer Gaststätte. In der ersten weist man uns ab, weil die Bewirtung um 21.30 Uhr endet, wir haben schon 21.35 Uhr ... Die zweite ist eine Pizzeria, die wie ein holländisches Käsegeschäft dekoriert ist, mit einer Wirtin, die in Endlosschleife eine Sammlung von George-Michael-Songs abspielt. Auf den Regalen sind dutzendweise Plüschbären aufgereiht. Außer einem Typen an der Theke sind wir die einzigen Gäste. Die Wirtin dieser ausgestorbenen Gaststätte ist ungefähr sechzig, hat blondes Haar, ernste Gesichtszüge, aber ein freundliches Lächeln, das einen die Trostlosigkeit einer Frau erahnen lässt, die zu oft verlassen wurde. Am Tresen lehnt Gérard. Wenn die Wirtin zu uns an den Tisch kommt, spricht Gérard für sich allein weiter. Er hat weder alle seine Zähne noch seinen Verstand beisammen. Sein vom Schnaps betäubter Mund brabbelt in einer Art Savoyer Kauderwelsch, das wir erst entschlüsseln können, nachdem wir selbst einige lokale Schnäpse probiert haben.

Schlag Mitternacht sind wir wieder auf dem Parkplatz. Mich überkommt ein eisiges Gefühl, morgen wird es ernst. Wir werden die Pointe Percée hochklettern, einen Gipfel der Aravis-Kette. Ich weiß nichts über diese Berge, habe ihre Namen erst jetzt auf den Autobahnschildern gelesen. Daniel und Sylvain versprechen mir, es würde eine einfache Tour werden, eine schöne Feuertaufe für einen Novizen, der seine ersten Erfahrungen am Berg machen will. Morgen soll ich eine nahezu perfekte Einführung erhalten. Mich beschleicht die Befürchtung, die Angst könnte die Oberhand gewinnen und mich am Fels lähmen.

Der Abend ist noch nicht zu Ende, meine Freunde wollen das Gespräch fortsetzen. Die letzten Cocktails helfen mir dabei, in einen traumlosen Schlaf zu gleiten und Ruhe zu finden.

Der Wecker klingelt um sechs Uhr früh. Ich habe Kopfschmerzen und einen Stein im Magen. »Nicht auf der Höhe sein« – seltsam, wie dieser gewöhnliche Ausdruck jetzt seinen ganzen Sinn erhält. Im Wohnzimmer, wo sich im bereits strahlenden Sonnenschein eine Landschaft in sehr klaren Farben vor uns auftut wie eine grüne und weiße Standarte, stellen wir schweigend unser Gepäck zusammen. Daniel zeigt mir die Ausrüstung, die er für uns beide mitnimmt: einen Klettergurt, Bandschlingen, Expresssets, Klemmgeräte, Abseilachter, zwei fünfzig Meter lange Seile. Offensichtlich führt die Tour durch Schnee und über Fels. Sylvain, der ebenfalls mit den Rucksäcken beschäftigt ist, versichert mir noch einmal, es sei eine schöne und gemächliche Tour. Diese Beharrlichkeit irritiert mich ein wenig. Daniel ist Weltmeister im Klettern, er und Sylvain sind seit ewiger Zeit Komplizen. Sie haben mir spektakuläre Fotos von ihren Tollkühnheiten in Jordanien gezeigt, auf denen man die beiden Seilakrobaten an Steilhängen über der unermesslichen Weite der Wüste sieht.

Wir machen einige Besorgungen im Supermarkt, kaufen Wurst, Schinken, Mandeln und Müsliriegel, dann fahren wir auf der Autobahn bis nach Grand-Bornand. Am Col des Annes stellen wir das Auto ab. Es ist ein kleiner Weiler, bestehend aus Chalets und umgeben von Almen, auf denen Dutzende Rinder weiden mit Kupferglocken, deren Geläut im ganzen Tal erklingt. Vor uns erheben sich drei scharf gezackte Gipfel. Hier beginnt das Ferien- und Wintersportgebiet Massif des Aravis, dessen Felsvorsprünge in den Himmel ragen. Diese Berge bilden einen vorgelagerten gewaltigen Gebirgszug, hinter dem sich das Mont-Blanc-Massiv erhebt.

Ich frage Sylvain nach dem Tagesziel. Mein Bauch zieht sich zusammen vor lauter Sorge, meine Befürchtungen waren nicht aus der Luft gegriffen. Sylvain zeigt auf den mit 2752 Metern höchsten der drei Gipfel. Es ist ein großer Eckzahn, der von dort, wo ich auf ihn schaue, ebenso spitz ist wie ein Fleischerhaken. Ich bewahre Ruhe, obwohl ich die ersten Anzeichen meiner Höhenangst spüre. Blitzartig sehe ich mich über einer Felswand von einem so starken Schwindel ergriffen, dass ich am liebsten hinunterspringen würde. Sind sich meine Führer darüber im Klaren, dass ich nicht in der Lage bin, auf diesen Berg zu klettern?

Wir beginnen mit dem Weg über die Almen. Sylvain und Daniel marschieren an der Spitze, ihre schnelle Schrittfolge lässt den Abstand schon jetzt immer größer werden. Die beiden Freunde sind wie zwei tolle Hunde, sie haben sich mehrere Wochen nicht gesehen. Ich höre von Weitem die Fetzen des Berichts von ihren letzten Unternehmungen, der eine war in Afrika, der andere in Russland.

Der erste Firn taucht auf, lange Schollen vereisten Schnees, festgefroren am braunen Gras. Daniel erklärt mir, wie ich meine Füße setzen muss, um nicht auszurutschen. Bei dem steigenden Gefälle könnte ich abrutschen und gegen einen der Felsen unter uns geschleudert werden. Man muss seinen Schuh mit einem Kick nach vorn in den Schnee pflanzen.

Ohne weitere Erklärung fordert er mich auf, gewissenhaft seiner Spur zu folgen. Ich merke, dass sein Auftreten ernster wird, er ist konzentriert, der Profi hat die Kontrolle übernommen. Es ist nicht mehr der Pflanzenteppich, über den wir zuvor gestapft sind, sondern ein schlammiger und gefrorener Hang. Ich richte meine Aufmerksamkeit weiter auf das, was Daniel macht.

Sylvain ist immer in bester Stimmung, er ist hier in seinem Element, kommt mühelos voran, die Höhe stimuliert ihn. Vielleicht gehören sein Wesen, seine Seele einer Sache, die sich hoch oben befindet und die ihn unwiderstehlich anzieht. Ich werfe einen Blick hinter mich – keine gute Idee, die Gefahr des Absturzes gewinnt ihre volle Realität. Von diesem Augenblick an beschließe ich, nicht mehr nach unten zu schauen.

Ich drossele das Tempo, da ich bei jedem Schritt fürchte auszurutschen, aber ich beschwere mich nicht, es sei denn scherzend. Ich will versuchen, die Landschaft zu genießen. Man meint, das käme von selbst, doch es erfordert eine Mobilisierung all meines Willens.

Daniel rät mir, meinen Blouson auszuziehen, er beharrt darauf, dass es notwendig sei, die Bekleidung der Anstrengung anzupassen. Ich triefe vor Schweiß. Auf dem großen weißen Spiegel aus Schnee herrscht eine enorme Hitze. Die kalte Luft trocknet Haut und Mund aus. Wir legen eine Pause ein, um zu trinken. Mit kleinen Schlucken, empfiehlt Daniel. Jeder von uns hat einen Liter Wasser für eine Tour von etwa acht Stunden dabei. Man muss sich das Wasser gut einteilen. Daniel ist mit meiner Art, mich im Schnee zu bewegen, noch nicht zufrieden. Geduldig zeigt er mir den Bewegungsablauf, die richtige Haltung, und er zerlegt sie in ihre Bestandteile, um mir zu zeigen, wozu es gut ist. Ich höre seinen Erklärungen nur mit halbem Ohr zu, seine Ratschläge ärgern mich, ich weiß, wie man einen Fuß vor den anderen setzt. Die letzten Meter auf dem vereisten Schnee sind richtig hart. Meine Sohlen rutschen weg, und ich spüre, wie die Tiefe an meinen Füßen zieht, als läge ein Gewicht auf meinen Schultern, das mich zu Fall bringen will. Heimlich nehme ich eine Xanax, um nicht schon am Anfang der Tour eine Panikattacke zu riskieren.

Der Schnee ist verschwunden. Vor uns ragt der Fels auf, die Wand hat den Schnee von ihrem steinigen Rücken abgeschüttelt, um ihre Muskeln zur Geltung zu bringen. Wir rasten, stellen unsere Rucksäcke ab, ziehen die Wanderstiefel aus und die Kletterschuhe an. Ich streife einen Klettergurt über meine Stoffhose und bleibe im T-Shirt. Sylvain deutet auf den Gipfel, er will mir die berühmte Pointe Percée zeigen, die »durchbrochene Spitze«. Von hier sieht das Loch nicht größer aus als ein Stecknadelkopf, aber laut Sylvain ist es so groß wie ein Traktorreifen. Man bekommt eine Vorstellung von der Höhe der Pointe Percée. Ich stelle mir vor, wie sehr ich erschrecken würde, wenn ich dort oben stünde. Ich beschließe, auch nicht mehr nach oben zu schauen. Ich werde mich auf das konzentrieren, was im Umkreis von einem Meter vor sich geht. Bald werde ich mich auf meine Hände und meine Füße beschränken wie ein Taucher im Überlebensmodus.

Die Route, der wir folgen, ist »geöffnet«, das bedeutet, dass Bolts in die Felswand gebohrt sind, damit man die Karabinerhaken einhängen kann, durch die das Seil läuft, das uns im Falle eines Absturzes halten soll. Es gibt mehrere mögliche Routen, aber ich bin nicht in der Lage zu beurteilen, ob meine Führer die leichteste gewählt haben. Die Aufgabe besteht darin, bis zum ersten Grat zu klettern, dann dem Gebirgskamm folgend die beiden anderen Grate zu nehmen, um die Pointe Percée zu erreichen. Ich habe mich bei den gezackten Bergketten, die ich vom Tal aus gesehen habe, häufig gefragt, ob sie wohl so spitz zulaufen wie Haifischzähne. Gab es dort Platz zum Stehen? Und was wäre, wenn man stürzte?

Daniel bemerkt plötzlich, dass ich keine Ahnung von Seilen und Knoten habe. Die Worte, die er benutzt, die Be griffe, mit denen die grundlegenden Handgriffe eines Kletterers bezeichnet werden, sind mir unbekannt. Ruhig improvisiert er einen klettertechnischen Grundkurs. Zum ersten Mal schnappe ich einen Zweifel in seinem Blick auf, es ist keine Angst, aber eine Art brutale Konfrontation mit der Realität, meiner Realität als absolutem Anfänger, die Sylvain und er ein wenig vorschnell außer Acht gelassen haben. Doch Daniel hat schon vieles erlebt, und dann – das werde ich erst später verstehen – geschieht etwas auf unerklärliche Weise Symbolisches. Die leichte Nervosität in seiner Stimme ist ein Hinweis darauf, dass wir eine Besteigung versuchen werden, die außerhalb meiner Reichweite ist. Dieses Mal würde sich meine Rolle darauf beschränken, seiner Bewegung zu folgen, schärft er mir ein, ich solle seinen Anweisungen buchstabengetreu nachkommen, und »alles wird gut gehen«, wie man zu einem Verwundeten kurz vor der Amputation sagt. Ja, alles wird gut gehen, schließlich ist es der Weltmeister im Klettern persönlich, der mir das sagt. Am Fuß der Wand tritt Sylvain ungeduldig von einem Fuß auf den anderen, er verschlingt Vitaminriegel, aber braucht er die wirklich?

Nichts prägt sich mir mehr ein als der erste Griff an den Felsen, dieser erste Griff befördert mich in die Vertikale. Sylvain trägt einen mit Tweed überzogenen Helm und sieht damit aus wie die Pioniere des Alpinismus, deren Namen an die Eroberung des Himalaja erinnern. Es stimmt, dass er etwas von einem Eroberer hat, der wild und fröhlich die Festung stürmt, der aber auch Melancholie kennt und sich von Poesie nährt. Ein Streben nach dem Absoluten leitet seine Expeditionen, aber was gibt es in den Bergen Frankreichs noch zu bezwingen außer sich selbst? Unsere Gebirgsmassive sind ganz und gar von Wegen erschlossen, kartografiert, und trotzdem bleiben sie gefährlich und unberechenbar.

Sylvain steigt voraus, ich bin der Zweite in der Seilschaft, und Daniel geht am Ende. So wird er mich mit dem Seil halten können, falls ich in die Tiefe stürze. »Fliegen« nennt man das im französischen Bergsteigerslang. Ein hübsches Bild, in der Tat, danke, Daniel ...

Die ersten Meter sind geklettert, und mir ist mulmig zumute. Aber der Zwang weiterzumachen hindert mich daran nachzudenken. Ich bleibe auf meine Bewegungen konzentriert. Daniels Stimme hinter mir, oder genauer, unter mir, gibt vor, wo ich mich festhalten soll. Vom ersten Standplatz aus beobachtet mich Sylvain. Sein Lächeln ist aufmunternd, er scheint sich darüber zu freuen, dass ich mich in das Abenteuer stürze, das er eingefädelt hat.

Die Bergwand ist warm, der Kalkstein fühlt sich gut an unter meinen Handballen. Ich gebe zu, dass die Griffe nicht übermäßig schwer zu erreichen sind – im Moment. Durch das Zusammenwirken des Xanax und der relativen Leichtigkeit dieser ersten Seillänge hat meine Anspannung nachgelassen, sodass ich beim Erreichen des Standplatzes in einem nahezu euphorischen Zustand bin, mich fast für einen von ihnen oder für Sir Edmund Hillary halte. Ich drehe kurz den Kopf zum Tal von Grand-Bornand, überrascht von der Wirkung des Reliefs, als würde ich plötzlich nach dem tristen Flachland des Pariser Beckens den Reichtum der Perspektiven wiederentdecken. Sylvain meint in meine Richtung, der Blick auf den anderen Hang sei noch schöner. Ich kann mir in diesem Moment nicht vorstellen, dass es hier etwas Schöneres gibt. Doch wir dürfen nicht zu lange verweilen, der Weg geht unerbittlich weiter bis zum schmalsten Stück des Bergrückens: den Graten. Wir haben noch mindestens 700 Höhenmeter zu erklimmen.

Sylvain und Daniel sprechen viel miteinander. Anders als ich mir vorgestellt hatte, ist das Klettern eine kommunikative Sportart, ohne Austausch steigt das Unfallrisiko. Die beiden sind so sehr aufeinander eingespielt, dass einzelne laut gerufene Worte für eine klare Mitteilung genügen, wenn es nicht gar nur ein einfaches Rucken am Seil ist. Die drei fundamentalen Kommandos sind »Stand«, »Seil« und »Zug«. »Stand« bedeutet, dass der Vorsteiger eine Stelle erreicht hat, wo er sich an zwei fest verankerten Sicherungspunkten eingehakt hat und ab jetzt die Sicherung seiner Partner übernehmen kann. Die beiden anderen Begriffe werden beim Aufstieg benutzt. »Seil« fordert mehr Seil, damit man sich ungezwungener bewegen kann. »Zug« verlangt mehr Seilspannung, um das Sturzrisiko zu verringern. Ich lerne diese drei Kommandos auf Anhieb.

Im Augenblick kann ich nicht abschätzen, wie viel Körpereinsatz von mir gefordert sein wird. Ich begnüge mich damit, der Bewegung zu folgen. Der Aufstieg verläuft flüssig, als würden die Türen vor mir aufgehen und eine übergeordnete Kraft die Hindernisse beiseiteräumen. Daniel und Sylvain klettern ruhig, ihre Bewegungen kommen mir so natürlich vor, dass sie meine sein könnten.

Ab dem zweiten Standplatz ist das nicht mehr so. Scheinbar hat sich nichts verändert, Sylvain klettert schnell, er ist jetzt warmgelaufen, während Daniel sich offenbar so behaglich fühlt wie am Strand von Cap Ferret. Doch bei mir zeigen sich nach und nach die Schwächen und technischen Probleme. Meine Köperführung ist ungeschickt, hektisch, sobald ich wählen muss. Die Griffe tauchen nicht mit derselben Selbstverständlichkeit vor mir auf wie bei meinen Gefährten. Nur die klugen Ratschläge von Daniel ermöglichen es mir voranzukommen. Ich weiß nicht, wo ich meine Füße hinstellen soll, und sehe die Vertiefungen nicht, an denen ich Halt finden kann. Ohne das lesende

Auge des Führers ist die Wand eine stumme Karte für mich. Mit verbundenen Augen zu klettern, wäre nicht anders. Eine neue Wahrnehmung der alpinen Umgebung bahnt sich an: Ich spüre eine diffuse Bedrohung, als würde mich ein Raubvogel beobachten, der mich als Beute betrachtet und jeden Augenblick auf mich herabstürzt, als würde der Fels sich mir entgegenstellen. Der Berg empfängt den Kletterer nicht freundlich, er wehrt sich gegen unseren Willen, ihn zu bezwingen. Trotz der immer genaueren Wiedergabe des Geländes durch die digitale Kartografie kann der wilde und widerspenstige Charakter eines Bergs nicht erfasst werden. Aufgrund meiner Unerfahrenheit bin ich dafür besonders empfänglich.

Als ich endlich bei Sylvain ankomme, sieht er mir den Stimmungswechsel an, erkennt die ersten Anzeichen von Angst. Er versucht, sie mit einem Witz zu mindern. Dann nimmt er die dritte Etappe unseres Wegs in Angriff. Daniel dreht mir den Rücken zu. Wir stehen reglos auf einem Überhang, der so schmal ist wie ein Surfbrett. Er sucht mit den Augen den wolkenlosen Horizont ab. Ich presse mich getreu meiner Entscheidung an den Fels. Was mache ich hier? Das Xanax ist nicht mehr stark genug, die Angst versetzt mein Nervensystem in Alarmbereitschaft. Ich kann nur noch mit Mühe schlucken, die Kehle ist ausgetrocknet. Meine Atmung geht schnell. Wenn jetzt noch mein Herz zu rasen anfängt, ist die Angstattacke perfekt.

Mit geschlossenen Augen versuche ich, die paranoiden Gedanken zu verjagen: Sylvain und Daniel haben sich abgesprochen, sie wollen mir Angst einjagen. Die beiden Ganoven sind gegen mich. Sie haben mir eine Falle gestellt.

Hier, am Fels, zeigt sich ihr wahrer Charakter. Das Wetter in den Bergen schlägt schnell um, mit der Stimmung ist es ähnlich. Zu meiner Furcht gesellen sich Argwohn und Wut. Ich habe mich selten so verwundbar gefühlt, ich bin nur noch ein verschrecktes Bewusstsein, das seine Hände mustert, um von der Angst nicht überwältigt zu werden. Ich biete einen erbärmlichen Anblick.

Am dritten Standplatz drehe ich den anderen unauffällig den Rücken zu, um noch einen Angstlöser einzuwerfen. Je weiter man aufsteigt, desto intensiver schmückt sich das Gebirgsmassiv mit Farben und Schattierungen, die man vom Tal aus nicht sieht. Ich sage mir immer wieder, dass ich mich glücklich schätzen kann, dass ich kein Recht habe, alles zu verderben. Niemand hat mich gezwungen, hierherzukommen.

Daniel reicht mir eine Handvoll Mandeln und sucht meinen Blick. Ich schlage die Augen nieder, verberge meine Angst, vergeblich. Ein Teil seiner Familie kommt wie meine aus den Cevennen. Ich kenne diese schweigsamen Charaktere, denen nichts entgeht, diese dunklen, von Schalk und Scharfsinn leuchtenden Blicke. Er weiß es. Ich stecke mir ein paar Mandeln in den Mund, schlucke sie unzerkaut.

Der Standplatz liegt auf der ersten Bergspitze, wir müssen dem Grat folgen, um den zweiten Gipfel zu erreichen und unseren Aufstieg zur Pointe Percée fortzusetzen. Am Abhang zur Linken tummeln sich das Tal hinauf große Kumuluswolken an unserer Bergkette. Die Nähe dieser riesigen Wolken ist fast beruhigend. Sie verschleiern die Tiefe. Die andere Steilwand des Grats ist völlig wolkenfrei, der Blick reicht kilometerweit. Überall ist Licht, die Hänge leuchten in Full HD. Auf meiner rechten Seite liegen mindestens 900 Meter zwischen uns und der Ebene, das entspricht der dreifachen Höhe des Eiffelturms.

Dieser flüchtige Blick war nicht überlegt, die Angst beginnt in meinen Beinen zu kribbeln und bahnt sich einen Weg bis in meine Fingerkuppen. Das Xanax beginnt zu wirken, Chemie gegen Chemie, das Gleichgewicht des Schreckens. Nur das Seil zu Daniel sichert mich jetzt, wir sind nicht mehr über den Kletterhaken fixiert, wenn ich falle, hängt mein Leben an ihm. Trotz all meiner Bemühungen arbeitet das Schwindelgefühl weiter hartnäckig daran, meine Moral zu untergraben, meine Beine werden schwach. Vornübergebeugt und mit weit ausgestreckten Armen bewege ich mich mit kleinen Schritten vorwärts.

Vor mir steht Sylvain bereits auf dem Gipfel des zweiten Grats. Ich versuche, langsam, mit offenem Mund zu atmen, um meinen rasenden Puls zu bremsen. Es sind verzweifelte Gesten angesichts des Schreckens, der mich umklammert wie ein unsichtbarer Feind, als ob ein Ungeheuer auf Menschenjagd aus dem Tal hinaufgestürmt wäre, um mich, sein Opfer, zu verfolgen. Ich kenne die Anzeichen einer Angstattacke, diese Verschlimmerung des Angstgefühls, das sich auf einen einzigen Gegenstand richtet. Aus Erfahrung weiß ich, dass sie in Panik ausarten kann. Die Beklemmung wird dann noch schlimmer, sie isoliert einen innerlich vom eigenen Körper und bringt den Verstand um seine normalen Beziehungen zur Wirklichkeit. Es schnürt einem das Herz zusammen, man beginnt zu schwitzen, das Bewusstsein schießt sich auf einen einzigen Gedanken ein, den es in Endlosschleife durchspielt. Statt eine Verbindung zur

Welt aufzubauen, verkehrt die Panik den Prozess. Es dauert nur wenige Sekunden, aber es ist furchtbar, denn die Panikattacke tritt plötzlich auf. Das erste Mal meint man, man würde verrückt werden. Das ist nicht der Fall, es ist nicht gefährlich, aber sehr unangenehm. Es genügt, einen Angstlöser zu nehmen, um alles zu stoppen.

Wir nähern uns dem zweiten Grat. Die Strecke zum Gipfel ist kürzer und birgt keine echten Schwierigkeiten, obwohl mir die Erschöpfung die Motivation geraubt hat. Das lasche Training der letzten Monate hat nicht gereicht, um mit meinen Freunden mitzuhalten. An den beiden zurückliegenden Abenden haben wir gefeiert. Ich habe mich nicht geschont. Was habe ich mir dabei gedacht, grundlegende Regeln zu missachten? Warum lässt man sich willkürlich volllaufen, wenn man den Mont Blanc bezwingen will?

Trotz der kurzen Entfernung bis zum nächsten Absatz bin ich außer Atem, als ich oben ankomme. Kaum habe ich den Fuß auf den kleinen, mehrere Hundert Meter über dem Abgrund hängenden Vorsprung gesetzt, rutsche ich auf dem Schotter aus. Mit einem Reflex fange ich mich, doch der Schock über die Gefahr trifft mich mit voller Wucht. Tatsache ist, dass ich nicht abgestürzt wäre, denn Daniel hat mich sofort aufgefangen. Mit eiserner Faust, zuverlässig wie eine Kranwinde, hat er meinen Klettergurt gepackt. Wir drängen uns zu dritt auf dem Standplatz. Sylvain und Daniel wechseln einen schnellen Blick, wie mir scheint. Ich möchte, ich muss mich hinsetzen, sofort. Die Panikattacke rast auf mich zu. Ich werde sterben. Es ist irrational, aber in diesem Moment bin ich davon überzeugt: Ich werde hier sterben. Ich begreife, dass ich dabei bin, in Panik zu verfallen. Auch Daniel hat es begriffen.

»Alles in Ordnung?«

»Mir geht es nicht gut.«

»Setz dich.«

»Ich werde sterben«, sage ich, ohne es zu wollen.

»Nein, Ludovic. Alles ist gut.«

»Wir müssen den Hubschrauber rufen.«

»Wir machen eine Pause«, sagt er und stellt seinen Rucksack zwischen uns. Er geht in die Hocke, gibt mir seine Trinkflasche. »Trink. Alles ist gut. Wie dir zumute ist, ist völlig normal. Jetzt hör mir aufmerksam zu.«

Seine dunklen Augen fixieren mich ohne die geringste Verunsicherung, sodass ich gezwungen bin, mit ihm in Kontakt zu treten. Ich beherrsche meinen Körper nicht mehr, bin am Boden angenagelt vor Angst. Ich erwarte den Todesstoß, den Sturz in die Tiefe. Es gibt nur eine Lösung: dass man mich betäubt und mit dem Hubschrauber heimholt. Daniel spricht mit fester und ruhiger Stimme zu mir:

»Die Situation ist folgende. Dir kann nichts zustoßen, hörst du? Absolut NICHTS. Aber weil es das erste Mal ist, reagiert dein Körper. Das ist logisch. Es gibt zwei Möglichkeiten. Du entscheidest. Die erste: Wir kehren um und seilen uns bis nach unten ab. Das ist leicht, man muss sich die ganze Zeit nur hinabgleiten lassen. Es ist bequem. Doch wenn wir das tun, wird es kompliziert mit unserem Plan, ich meine für den Mont Blanc. Ich würde sogar sagen, dass die Besteigung dann nicht mehr machbar ist und du sie dir aus dem Kopf schlagen musst. Das wäre nicht schlimm, aufgeben ist auch sehr mutig. Die zweite Möglichkeit: Du stehst den Anfall durch, du nimmst dir die Zeit, die du brauchst, schöpfst Atem, wir haben es nicht eilig. Denn eins ist sicher: Der Anfall wird vorübergehen, das ist immer so. Dann gehen wir weiter, bis zur Pointe Percée, die direkt über uns ist, wir gehen in deinem Tempo und sind in weniger als einer Stunde da.«

Noch zitternd vor Angst weiß ich, dass mein erster echter Gipfel in Reichweite ist und dass ich hierhergekommen bin, um mich der Herausforderung zu stellen. Auf dieser Felsspitze erinnere ich mich auf einmal wieder an einen Boxkampf in meiner Studentenzeit und an den ersten Haken, der mich k. o. schlug. Der Uppercut hatte mich überraschend getroffen und unerwartet schnell in die Wirklichkeit des Kampfs befördert. Bis dahin hatte ich lediglich die Technik studiert, ohne jemals gegen einen Gegner in den Ring gestiegen zu sein.

Ich nehme noch eine Xanax, es ist mir egal, ob ich wie ein Zombie drauf bin, wenn ich nur durchhalte. Und überhaupt, scheiß drauf: Ich bin ein Zombie-Punk, der die Pointe Percée hochklettert. Meine Entscheidung steht fest. Ich werde diesen Gipfel erreichen, koste es, was es wolle, gegen alle Widerstände, und wenn ich mich mit Angstlösern vollstopfen muss.

Dieses Mal seilen wir uns ab, es ist ein seltsames Gefühl, rückwärts, in einem zarten Klettergurt über dem Abgrund hängend, hinabzugleiten. Es ist eine widernatürliche Bewegung, wie übrigens alle meine Bewegungen seit dem Morgen meinen gewöhnlichen Reflexen, meinem städtischen Leben zuwiderlaufen. Der Berg stülpt mich um. Ich kann meine Rechte nicht mehr von meiner Linken, unten nicht mehr von oben unterscheiden. Man weist mich an, im Falle eines Problems in die Schlucht zu springen, beim Klettern meinen Beinen mehr zu vertrauen als meinen Armen und wieder Kind zu werden. Der Berg ist ein Baum für Erwachsene.

Am Fuß des dritten Grats weiß ich nicht mehr genau, wer oder wo ich bin. Der Schock über den Schwindelanfall war so brutal, dass mein Verstand taumelt, fluoreszierende Schmetterlinge blinken vor meinen Augen. Irgendein anderer ist da, eine innere Stimme spricht mit mir: »Du hast es also geschafft? Dabei bist du vor Schiss fast gestorben. Du wusstest von Anfang an, dass du ein Rendezvous mit der größten Angst deines Lebens haben würdest. Siehst du, wie dich die vergangenen zehn Monate verändert haben? Du bist mit Medikamenten vollgepumpt, um deinen Schmerz zu vergessen. Aber du bist da, in 2700 Metern Höhe, so hoch oben wie nie zuvor. Im Grunde bist du wie alle, ängstlich und mutig.«

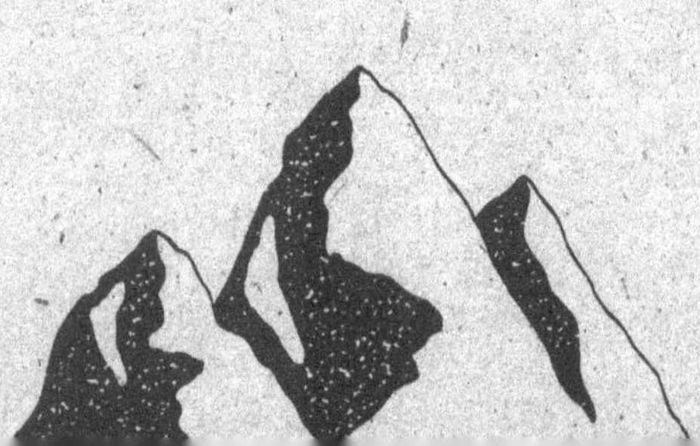

Daniel macht sich fertig zur Sicherung in der letzten Wand vor der Pointe Percée. Die Stimme spricht weiter zu mir: »Siehst du, sie lassen dich vorausgehen. Der Weg scheint leicht zu sein. Es ist nett von ihnen, dass sie dich als Ersten ankommen lassen und dir die Illusion verschaffen, den Gipfel bezwungen zu haben. Vergiss nicht, ihre Freundschaft ist wichtiger als die körperliche Glanzleistung, die du gerade vollbringst. Sie könnten anderswo sein, in gefährlicheren Seilschaften, die ihrem Leistungsniveau besser entsprechen. Doch nein, sie sind hier, schau, so viele Menschen sind wegen dir da. Vergiss das nicht.«

Meine Hände ergreifen den Fels für die letzte Etappe. Das Gefühl, es zu schaffen, genügt, um mir wieder Kraft zu geben. Doch nach einigen Metern finde ich keinen Halt für meine linke Hand, mein ganzes Gewicht ruht auf der rechten, während ich spüre, wie meine Fußspitzen an Felshaftung verlieren. Wenn ich nicht sofort eine Entscheidung treffe, werde ich abrutschen und in die Tiefe stürzen. Ich versuche, meinen linken Arm weiter nach oben zu strecken. Nichts zu machen. Ich spüre, wie es mich nach hinten reißt, das ist es, ich falle. Es geht sehr schnell. In weniger als einer Sekunde bin ich drei Meter abgestürzt, Daniel hat mich eng gesichert und fängt mich sofort. Es sind endlose Meter, als wären es 200. Ich hänge an einem Seil in der Schlucht. Das ist das Ende. Nun kann ich mich sammeln.

Daniel und Sylvain ziehen mich hoch und helfen mir, die Absturzstelle zu überwinden. Als ich oben ankomme, sehe ich, dass sie ausgelassen und fröhlich sind. Ich muss ein komisches Gesicht machen, denn ihr Gelächter schwillt derartig an, dass mich ihre Freude ansteckt.

»Du bist zum ersten Mal geflogen!«, sagt Daniel plötzlich ernst. »Nach hinten abstürzen heißt ›fliegen‹, erinnerst du dich? Das passiert allen Bergsteigern, jeder kennt das, es ist normal, wie du siehst. Es musste dir passieren. Du wirst es ganz bestimmt noch öfter erleben. Das ist Klettern, mein Freund.«

»Im Gebirge hat jede Handlung prinzipiell eine Intensität wie sonst nirgendwo«, sagt Sylvain, »du wirst dich noch in zehn Jahren an jeden Griff, jeden Stein erinnern, den du berührt hast.«

»Ich werde nie wieder davon träumen, ein Vogel zu sein. Es ist grauenhaft zu fliegen«, sage ich mit belegter Stimme. Ich hole die Schachtel Xanax hervor, zögere, eine Tablette zu nehmen, weil ich fürchte, aus den Latschen zu kippen, wenn ich die Dosis weiter erhöhe.

»Was ist das für ein Medikament?«, fragt Sylvain.

»Xanax, ein Angstlöser.«

»So groß ist deine Angst?«

»Ja, das kannst du dir nicht vorstellen. Aber dank dieser Pillen geht es etwas besser.«

»Gibst du mir eine?«

»Warum? Fühlst du dich nicht gut?«

»Doch, aber ich wüsste gerne, was das mit einem anstellt.«

»Das sind keine Bonbons, Sylvain. Du bist sowieso schon ein Draufgänger, mit diesen Dingern würdest du augenblicklich zum Kamikaze.«

»Kennst du Yūichirō Miura, den Japaner, der 1970 im Schuss mit Skiern den Mount Everest runterfuhr?«

»Nein«, erwidere ich, »aber so etwas will ich mir auch gar nicht erst vorstellen.«

»Ich zeige dir heute Abend das Video im Internet. Als Motorradfreund wird es dir gefallen.«

Ich hatte nicht dieselbe Angst empfunden wie zuvor auf der Felsspitze: Der reale Absturz war weniger schrecklich als der eingebildete. »Eine beachtliche Erfahrung, in Furcht leben zu müssen, nicht wahr? So ist es, wenn man ein Sklave ist«, sagt jemand in »Blade Runner«. Wenn man der Angst ausweicht, riskiert man, dem Schrecken zu erliegen.

Der Gipfel der Pointe Percée ist von einer Schneeschicht bedeckt. Wir haben Juli, doch einige Tage vor unserer Ankunft hat es noch geschneit. Der Winter zog sich bis zum Sommeranfang.

Wir machen eine Pause, um die Kletterschuhe auszuziehen und wieder in unsere dicken Stiefel mit den Vibramsohlen zu schlüpfen. Der Hang wird flacher und ist mit Schnee überzogen. Der Weg, der auf den 2752 Meter hohen

Gipfel führt, wird schmaler. Ein mannshohes Holzkreuz erwartet uns dort, Zeuge einer längst vergangenen Zeit, als die Besteigung von Gipfeln noch mit einer spirituellen Suche einherging. Man kann sich wundern, Gott in solchen Höhen anzutreffen: Für den Gläubigen kann es niemals hoch genug sein, und für den Atheisten ist es übertrieben.

Die Wolken sind verschwunden. Dies ist mit Sicherheit einer der schönsten Aussichtspunkte auf die Mont-Blanc-Kette, deren riesige Schultern beeindruckend sind wie ein Flugzeugträger inmitten einer Armada von Fregatten und Torpedobooten. Ich kann mir kaum vorstellen, dass ich in vier Tagen auf diesem Gipfel stehen soll, der fast doppelt so hoch ist wie die Pointe Percée. Ich bin mit meiner Kraft und meinen Nerven am Ende. Ich zittere, würde am liebsten weinen. Mein Gehirn verweigert diesen Gedanken wie ein Computer, der abstürzt. Und dennoch sagt mir ein stimmloses, in den Tiefen meines Bewusstseins vergrabenes Gerücht von nun an, dass die Besteigung für mich möglich ist. Irgendetwas ist irgendwohin zurückgewichen. Nur wohin? Ich weiß es nicht. Und was genau? Das weiß ich ebenso wenig.

Auf dem Foto, das mit meinem Handy aufgenommen wurde, sehe ich mich zusammen mit Sylvain, er an einer dicken Zigarre ziehend, ich Zigarette rauchend. Trotz der Erschöpfung liegt über meinem Gesicht eine Art Ruhe, ein tiefer Seelenfrieden.

Eine Viertelstunde später seilen wir uns an denselben Graten ab, die ich so mühevoll hochgeklettert bin. Mit dem Rücken über dem Abgrund gleite ich den Fels hinunter und habe dabei das seltsame Gefühl, dass ein Gewicht von mir abgefallen ist, das meine Feuertaufe beinahe zunichtegemacht hätte. Wir landen auf einem schneebedeckten Hang, der mir schwindelerregender vorkommt als beim Aufstieg, wie eine schwarze Piste, die man ohne Skier hinuntersteigen muss. Daniel knotet mich an sein Seil, während Sylvain sich wie ein Skifahrer im Schuss den Hang hinunterstürzt. Er ist so schnell, dass Fontänen aus Pulverschnee aufspritzen, die in der Sonne blau glänzen. Wir folgen vorsichtig auf demselben Weg, pflanzen unsere Fersen mit kräftigem Tritt in den Schnee. Plötzlich verliere ich den Boden unter den Füßen, und wieder fühle ich den Sturz und die Todesangst, aber es hört auf.

»Du bist bloß ausgerutscht«, sagt Daniel nüchtern. »Das ist nicht weiter schlimm.«

Dieses Mal nimmt er sich nicht die Zeit, mir zu erklären, was passiert ist. Er zeigt mir ein Gebäude, ganz unten am Hang, wo Sylvain bereits wartet: das Refuge de Gramusset.

»Komm, wir trinken ein schönes Bier. Das haben wir uns verdient.«

Wenn ich mich richtig erinnere, bin ich zum ersten Mal in einer Berghütte. Das Gasthaus ist rustikal, aber gut gepflegt. Zu meinem Erstaunen wird die Hütte von zwei jungen Frauen bewirtschaftet, ich hatte diesen Beruf immer für eine Männerdomäne gehalten. Die jüngere ist Krankenschwester in Grenoble, sie hat sich wegen der schlechten Arbeitsbedingungen bei einem geriatrischen Dienst ein paar Monate »Auszeit« genommen. Sie ist eine Frau von ungekünstelter Schönheit und mit einem sinnlichen Lächeln. Einige Wanderer sitzen um Plastikbecher herum auf der Terrasse, entspannen sich und erzählen von ihren Touren.

Wir setzen uns etwas abseits auf eine Bank. Wir gehören nicht zu denen, die in der Hütte übernachten, das unterscheidet uns. Sylvain kommt mit einem Tablett mit mehreren Bieren zurück. Ich traue mich nicht, mich zu entziehen, und leere die erste Flasche in einem Zug. Es scheint mir, als käme ich von einer gefährlichen Reise zurück. Der Alkohol macht Lust auf Tabak, ich schmauche eine Zigarette, genieße das sanfte Gift, das in meinen Adern zirkuliert und sich in meinem Körper verteilt.

Daniel ist auf die Besteigung des Mont Blanc zurückgekommen, er hat am Morgen die Wetterprognose studiert, für Mittwoch ist Sturm angesagt, was unseren Aufstieg unmöglich macht. Bleiben Donnerstag oder Freitag. Er und Sylvain gehen noch einmal die Einstiege in die verschiedenen Routen zum Gipfel durch. Es fallen die Namen von Pässen, Berghütten, Gipfeln, die ich nicht kenne, die jedoch ernster Kommentare bedürfen. Sylvain verteidigt die Grundidee eines Aufstiegs über die Arête des Italiens. Daniel hält ihm entgegen, das könne »etwas hart« für mich werden. Dieser Euphemismus genügt, schon läuft es mir vor Schreck eiskalt den Rücken hinunter. Wenn die Tour, die wir hinter uns haben, »leicht« war, möchte ich mir nicht vorstellen, was »etwas hart« bedeutet. Ich setze ein verständnisinniges Lächeln auf. Dann bringt Daniel mit einem Mal in feierlichem Ton die Voie Royale, die »Königsroute«, ins Gespräch. Sylvain zuckt mit den Schultern, signalisiert gleichermaßen Verachtung und Respekt.

Mir fällt ein, was ich am Abend zuvor beim Surfen im Netz auf Bergsportseiten gelesen habe: »Die leichteste Tour auf das Dach Europas ist die Besteigung des Mont Blanc über die Voie Royale, die auch Voie Normale (»Normalroute«) genannt wird.« Normal zu sein, normal zu leben – dem verweigert sich das Bergsteigerdasein. Das hatte ich bereits nach einem Tag verstanden. Ich bin nicht zufällig hier, ich kämpfe um meine Freiheit, um das Recht, Dinge falsch zu machen. In seinem Roman »Die bleichen Füchse«, den mir Yannick Haenel vor meiner Abfahrt nach Chamonix geschenkt hat, habe ich eine Stelle gefunden, an der der Erzähler Jean Deichel beschließt, den Sprung ins Leben zu wagen. Was habe ich anderes vor, als meinen Sprung ins Leben zu machen? Mit einem Sprung nach oben, der Schwerkraft entgegengesetzt, um mich in eine turbulente Unendlichkeit fallen zu lassen ...

Die junge Krankenschwester gesellt sich zu uns. Sie gibt sich zurückhaltend, doch in ihrem Blick schimmert ein Funken Neugier.

»Sind Sie häufig hier im Tal?«, fragt sie Daniel.

»Ja, ich arbeite oft in der Gegend«, antwortet er und tauscht einen Blick mit Sylvain.

»Normalerweise kann ich mir Gesichter schlecht merken, aber ich bin sicher, Sie schon einmal gesehen zu haben.«

»Gut möglich.«

»Kennen Sie Leute hier?«

»Bergführer, ich trainiere dieses Jahr die französische Junioren-Nationalmannschaft im Klettern«, sagt er.

»Sie sind Bergführer?«

»Ja. Aber ich wohne in Montpellier. Mein Name ist Daniel Du Lac.«

»Dann sind Sie das also, den ich im Fernsehen gesehen habe. Sie waren Weltmeister.«

Ohne die junge Frau aus den Augen zu lassen, nimmt Daniel einen Schluck Bier.

»Ja, ich hatte den Titel 2007 und 2008, dann habe ich aufgehört, um etwas anderes zu machen, und bin zum Klettern nach Afrika und Asien gereist.«

Sylvain schweigt, die Szene scheint ihn zu amüsieren, die Art, wie er beim Rauchen seine dicke Zigarre wie ein Pokerspieler zwischen den Fingern dreht, verrät es mir. Ich existiere für die Krankenschwester selbstverständlich nicht. Bin zu normal, schätze ich. Der Alkohol, das Nikotin und der brutale psychische Zusammenbruch, den ich auf der Pointe Percée erlebt habe, machen mich ein wenig stumpfsinnig.

»Sie lesen sicher gerne«, werfe ich ein, »denn sonst hätten Sie sich wohl kaum entschlossen, drei Monate in dieser Berghütte zu leben? Es gibt wohl nicht viel, was man hier sonst tun könnte …«

»Eigentlich ist es genau umgekehrt, denn ständig kommen Gäste. Aber ja, ich lese gerne. Wollen Sie mir etwa ein Buch verkaufen?«

»Ja, von diesem Schriftsteller, Sylvain Tesson. Er hat ein Buch über seinen Rückzug in die sibirische Kälte geschrieben.«

Ein junger Mann, von Kopf bis Fuß mit Klamotten der Marke Quechua bekleidet, mit jünglingshaftem Gesicht und lichtem, kurzem Bart kommt von der anderen Wandergruppe an unseren Tisch: »Entschuldigen Sie, wenn ich einfach in Ihr Gespräch platze, aber ich habe Ihren Namen gehört«, sagt er zu Sylvain, »ich dachte mir gleich, dass Sie es sind. Ich wollte Ihnen nur sagen, dass mir Ihr Buch sehr gefallen hat. Wirklich. Ich fand es sehr originell. Ich habe es ganz gelesen.«

»Danke, es freut mich, wenn es Ihnen gefallen hat. Ich selbst habe es seit seinem Erscheinen nicht wieder aufgeschlagen, und ich weiß nicht, ob ich den Mut hätte, es vollständig bis zum Ende zu lesen.«

Sylvain hebt sein Glas zum Toast. Seit einigen Monaten pflegt er auf diese Weise seine Sympathie auszudrücken. Er antwortet jedes Mal bereitwillig, wenngleich ihn stets das komische Gefühl begleitet, dass sein Erfolg nicht ganz verdient ist und es sich um ein Missverständnis handelt. Der junge Mann freut sich, seinen Freunden mitteilen zu können, dass tatsächlich Sylvain Tesson am Nebentisch sitzt. Die Nachricht löst eine Welle der Neugier aus, und einige geben kund, was sie über das Buch wissen. Ich beobachte die hübsche Krankenschwester. Es sitzen nur Männer auf der Terrasse, und keinem entgeht, wie schön sie ist.

19.30 Uhr. Es ist Zeit, zum Col des Annes hinunterzusteigen und mit dem Auto Richtung Grand-Bornand zu fahren, um etwas zwischen die Zähne zu bekommen. Bevor wir die Hütte verlassen, besorgt sich Daniel unter dem Vorwand, den Kontakt zu einem alten Bergführerfreund zu suchen, noch heimlich die Telefonnummer der Krankenschwester.

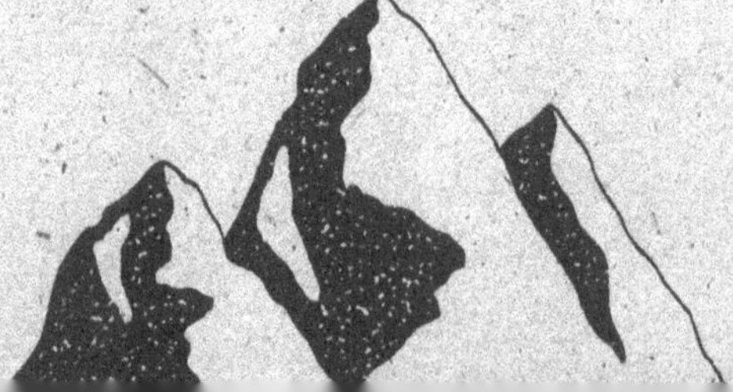

Gegen 21.30 Uhr sind wir wieder in Grand-Bornand. Der Sommer hält sein Versprechen. Es ist noch angenehm hell. Die warme Luft verheißt einen geselligen, fröhlichen Abend. Doch überall, wo wir hinkommen, teilt man uns mit, die Küche sei bereits geschlossen. Der Bergsteiger ist keine Nachteule, er ist Pragmatiker: Die Nacht ist zum Schlafen da.

Wir landen schließlich im grellsten Laden des Nests, wo sich Jean-Christophe zu uns gesellt. Er hat einen Tag damit zugebracht, in der Region sein neuestes Buch, »Pilgern für Skeptiker«, zu signieren. Tiefe Falten haben sich in sein Gesicht gegraben. Er setzt sich zu uns, lauscht wohlwollend unserem Bericht, aber ich fühle, dass er noch immer bei den zig Lesern ist, denen er sich den Tag über gewidmet hat. An der Aufmerksamkeit, die er anderen gegenüber aufbringt, erkennt man die Empathie des Arztes, der sich für humanitäre Belange engagiert. Je weiter unser Abendessen fortschreitet und sich die Gläser leeren, desto mehr entspannt er sich, blitzen Heiterkeit und Frohsinn in seinem Blick auf, wenn Sylvain Witze macht. Ich kenne keinen begabten Schriftsteller, der nicht von Ängsten geplagt ist, ob offen oder gut versteckt. Das hat nichts mit dem romantischen Klischee des *poète maudit* zu tun, der sich in seiner Dachstube eingeschlossen hat, nein, es handelt sich hier um die chemische Angst, die einem die Kehle austrocknet und einen Schlag vier Uhr morgens weckt. Es ist die Angst, die ohne Anlass, aber beständig wiederkehrt, wenn das Licht schwächer wird und die Stunden zwischen Tag und Nacht ihre Konturen verlieren. Dieses beklemmende Gefühl, nirgendwo sonst Zuflucht zu finden als in einem künstlichen Paradies.

Wir gehen regelmäßig zum Rauchen nach draußen, und jedes Mal, wenn wir das Restaurant durchqueren, wird es chaotischer. Ich trage einen grünen Fleecesweater, den Daniel mir geliehen hat, Sylvain steckt in einem extravaganten violetten T-Shirt und trägt eine Schiene am Unterarm, die er je nach Beanspruchung anlegt, wenn sich der Schmerz einer alten Verletzung meldet, die er sich beim Klettern zugezogen hat. Jean-Christophe könnte mit seinen langen Haaren und seinem Dreitagebart ebenso gut ein Sozialarbeiter sein, der sich um haltlose Jugendliche kümmert. Wir lachen lauthals, ich bemerke das verlegene Stirnrunzeln um uns, aber es ist zu spät für Rücksichtnahme. Wir folgen fröhlich dem Rat von Stendhal, »SFCDT«*, und scheren uns einen Dreck darum. Schriftsteller verstehen sich darauf, einen an die Hand zu nehmen. Da sie Qualen und Albträume durchlebt haben, wissen sie, dass man in der Gegenwart über Wasser gehen muss, bevor die Zukunft es übernimmt, einen zu schlucken.

Wir sind die letzten Gäste, die das Restaurant verlassen. Auf dem Parkplatz verfolgen sich schwankende Engländer, die ebenso betrunken sind wie wir, mit Konfetti, manche tragen Smoking, andere Tiermasken. Wir tragen lediglich ein Bergsteigerkostüm. Da ich nicht mehr in der Lage bin zu fahren, überlasse ich die Schlüssel dem stoischen Daniel, der immer ruhig bleibt, als wäre er immun gegen alle Ausschweifungen.

Doch ab der ersten Kurve höre ich die Bremsen meines armen Clio quietschen. Daniel fährt schnell, auf einer Bergstraße in diesem verrückten Tempo sind zwanzig Kilometer die reinste Folter. Als wir nur noch einige Hundert Meter von Jean-Christophes Chalet entfernt sind, zieht Daniel hart die Handbremse an. Der Wagen bleibt mitten auf der Straße stehen. Wortlos steigen Sylvain und er aus dem Auto, gehen ein paar Schritte im Scheinwerferlicht und bleiben dann stehen. Ich beobachte sie von der Rückbank aus, der Motor läuft noch, ich fürchte, sie begeben sich in Gefahr, bis ich sehe, wie vor jedem ein Urinstrahl auf den Asphalt platscht. Und wenn sich jetzt die Handbremse löst?

Im Chalet trinken wir ein letztes Glas auf der Terrasse. Nur das Zirpen der Grillen stört die tiefseeartige Stille des Tals. Dann gehen wir im Esszimmer den folgenden Tag durch. Wir studieren auf der Karte die nächste Tour, die wir vor dem Mont Blanc in Angriff nehmen wollen. In Wirklichkeit geht das vor allem mich an, denn diese Touren gehören zu meiner Vorbereitung. Es ist undenkbar, dass ich auf 4800 Meter aufsteige, ohne mindestens vier Tage in Höhenlagen geschwitzt zu haben, damit sich mein Körper an den geringeren Sauerstoffgehalt gewöhnt. Wir köpfen weitere Flaschen, gehen dann zu Cognac über und zuletzt zu dem köstlichen Birnenschnaps, den Jean-Christophes Nachbar brennt. Ich nehme die letzte Zigarette aus dem Päckchen, das ich erst am Abend angebrochen habe. Meine Kehle brennt, meine Finger riechen nach Nikotin. Eine Rauchfahne schwebt im Zimmer, das eine Halogenlampe etwas zu grell ausleuchtet. Die Dunkelheit vor den Fenstern ist düsterer denn je, ich sehe schon, wie sie meinen Gipfeltraum zusammenpresst und verschlingt wie eine Boa constrictor.

Bei meiner Selbstfindung ist es notwendig, dass ich mich von dem Schmerz freimache, an dem ich nach wie vor festhalte. In der Mitte des Lebens wird mir bewusst, dass ich mich ebenso an das klammere, was mich aufrichtet, meine Träume, wie an das, was mich erledigt, mein »elendes Häufchen Geheimnisse«*.

Nach einer kurzen Nacht werde ich wach, bevor der Wecker meines Handys klingelt. Wie jeden Morgen nehme ich einen Angstlöser und zusätzlich ausnahmsweise ein Schmerzmittel. Im Erdgeschoss ist niemand, die drei anderen schlafen. Es ist Montag, der 1. Juli, der erste Tag der beiden echten Sommermonate. Draußen lässt das helle Sonnenlicht die Umrisse des Gebirges klar hervortreten. Ich habe den Eindruck, auf jedem Auge zwanzig Prozent an Sehvermögen gewonnen zu haben, so deutlich erscheinen mir die Dinge.

Mich erwartet ein eher eintöniges Programm. Wir werden in Les Contamines trainieren, an den kargen Felsenwänden, an denen geklettert wird. Geplant ist, den Tag dort zu verbringen, doch um neun Uhr ist noch keiner aufgestanden.

Ich höre auf der Terrasse Musik bei Kaffee und Zwieback. Ein kurzer Check ergibt: Ich habe weder Muskelkater noch Sodbrennen, der ganze Organismus stützt sich auf meine angespannten Nerven, und so soll es bleiben; bis ich einen Fuß auf die Hänge des Mont Blanc setze, sollen sie mich von Schmerz und Ermüdung abschirmen.

Unzufrieden, so spät aufgestanden zu sein, kommt Jean-Christophe zu mir auf die Terrasse. Er lag lange wach und ist erst im Morgengrauen eingeschlafen. Im Scherz wirft er mir vor, dass ich ihn zum Trinken verleitet hätte. Er trinkt einen großen Becher Kaffee, knabbert mit Mühe ein Brot, dann zieht er sich ins Wohnzimmer zurück.

Fünfzehn Minuten später kommt Leben ins Haus. Daniel schaltet einen Laptop ein, um die neuesten Nachrichten über die französische Junioren-Mannschaft im Klettern zu lesen, Sylvain arbeitet an einem riesigen Holztisch mit einfachen Bänken rundum. Am anderen Ende des Zimmers zielt Jean-Christophe mit einer Luftdruckpistole auf eine Zielscheibe an der Wand. Daniel und Sylvain befinden sich in Schussrichtung. Kleine Kugeln pfeiffen über ihre Köpfe. Offenbar bin ich der Einzige, der diese Situation gefährlich findet.

Jean-Christophe senkt den Arm und wendet sich zu mir: »Unfähig, auch nur eine Kugel ins Schwarze zu treffen. Alles deine Schuld. Ich habe wieder zu rauchen angefangen und werde zittrig davon«, sagt er im Scherz. »Kommt, es ist Zeit, ein wenig in der Sonne zu brutzeln!«

Sylvain und er teilen diesen etwas bissigen Humor, den die Belastungen eines bewegten Lebens hervorbringen. Zwischen ihnen herrscht großes Einvernehmen, sie sind seit gut fünfzehn Jahren befreundet. Seltsamerweise haben sie nie eine Bergtour gemeinsam unternommen.

Während des ganzen Tages, an dem wir an den Felsen von Les Contamines trainieren, kann ich mein echtes Kletterniveau beziffern, es liegt eindeutig unter Null.

Wie fasst man acht Stunden Schulung in Klettertechniken zusammen?

1. Die Kraft sitzt im Wesentlichen in den Beinen, nicht in den Armen.
2. Man muss seinen Schwerpunkt tiefer legen, in die Knie gehen und die Fersen senken.
3. Die Knoten sind ebenso schwierig wie beim Segeln, man kann sie sich unmöglich merken.

Am Ende dieses zweiten Tages kann ich ermessen, mit welcher Unbekümmertheit ich an den Aufstieg am Vortag herangegangen bin. Vielleicht muss man es so anstellen, um im Leben voranzukommen ... Ohne zu wissen, welche Gefahren auf uns lauern, wenn wir dieses oder jenes versuchen. Die Schulung in den neuen Techniken der Fuß- und Handarbeit beim Klettern hat mich fast ängstlicher gemacht, als ich es war, bevor ich sie beherrschte. Wenn ich heute an die Pointe Percée zurückkehren müsste, würde ich vor Angst wie angenagelt auf dem Parkplatz des Col des Annes verharren. Sylvain und Jean-Christophe sind Felsrouten neben Daniel und mir geklettert, haben kritischere Passagen voller Überhänge genommen, die dazu zwingen, sich nur mit der Kraft der Arme weiterzuhangeln, während der Körper frei in der Luft hängt.

Jean-Christophe hat mir eine Reihe von Fotos gezeigt, die er ohne unser Wissen gemacht hat. Er ist begeisterter

Fotograf und erkundet gerade die Leistungsfähigkeit seiner neuen Digitalkamera. Die Aufnahmen, die auf dem Bildschirm vorbeiziehen, sind ziemlich gut getroffen, ich erkenne den Blick des Mannes wieder, der mir am selben Morgen einige Aquarelle gezeigt hat, die er auf einer Spanienreise gemalt hat.

»Jedenfalls werde ich sie alle wieder löschen«, sagt er zu mir.

Es ist neunzehn Uhr und noch immer warm im Tal. Über dem hohen Gras kreisen Insektenwolken um die Bäume. Ich bin bewegt von der Kraft des Sommers, von seiner Macht, uns aus der Melancholie zu reißen und jenen animalischen Instinkt in uns zu stimulieren, der uns nach draußen treibt.

Jean-Christophe schlägt vor, zum Aperitif nach Chamonix zu fahren. Die Stadt ist voll von Bergtouristen aus der ganzen Welt. In der Fußgängerzone im Zentrum hört man Italienisch, Japanisch und Russisch, auch wenn alle Blicke auf den Hausgott gerichtet sind, der über die Stadt wacht. Die weiße und bereits ein wenig orange gefärbte Kappe des Mont Blanc lässt sich von den letzten Sonnenstrahlen streicheln.

Frisch gezapftes Bier wird aufgetragen, und ich merke, dass ich hungrig bin, denn in Les Contamines haben wir nur Mandeln und ein paar Scheiben Wurst zu uns genommen. Ich zünde eine Zigarette an, um den Hunger zu dämpfen, und leere meine Halbe fast in einem Zug. Sehr schnell bestellen wir die nächste Runde, mein Hunger ist verschwunden, ich betrachte die Sonne, die wie beim Bockspringen von Gipfel zu Gipfel zieht. Jemand bringt die Frage nach dem Abendessen auf. Niemand antwortet.

Auf dem Rückweg fahre ich, und zwar langsam, berauscht von der Bergluft und der Anwesenheit meiner Freunde. Wir haben das iPhone ans Autoradio angeschlossen, das Album von Daft Punk hämmert im Fahrzeuginnern, und der warme Wind kommt durch die Fenster herein. Sylvain streckt den Kopf hinaus, kommentiert die Landschaft und philosophiert über die Welt, in der man sich an Sicherheit übertrumpft.

»Eines Tages werden die Behörden den Fußgängern vorschreiben, Helme zu tragen, wenn sie auf die Straße gehen«, behauptet er.

Auf der Rückbank erzählt Jean-Christophe entsetzliche Geschichten über Unfälle im Hochgebirge.

Bei der Ankunft im Chalet stürmen wir sofort in die Küche. Zu viert stehen wir vor dem leeren Kühlschrank wie ein Haufen Idioten, die ein Ufo entdeckt haben. Nach kurzer Tagung des Krisenstabs stellen wir drei Dinge fest und treffen eine Entscheidung:

1. Es ist nichts zum Abendessen da.
2. Keiner will freiwillig einkaufen gehen.
3. Unsere Stimmung ist ausgezeichnet.
4. Eine weitere Spritztour ist vonnöten.

Sylvain geht nach oben und schließt sich in sein Zimmer ein.

»Was hat er?«, fragt mich Jean-Christophe. »Irgendwie merkwürdig, dieser Typ«, fügt er lächelnd hinzu.

Sylvain kommt in seltsamer Aufmachung die Treppe herunter. Er hat seine Hose und die Kletterschuhe anbehalten, hat aber ein weißes Hemd übergestreift, eine

Krawatte umgebunden und ein Sakko angezogen. Er reicht mir ein anderes weißes Hemd samt Krawatte und einen Janker, um mich ebenso zu verkleiden. Während ich der Aufforderung nachkomme, kramt Sylvain aus seiner Jackentasche eine kleine kupferne Flöte hervor und beginnt, darauf zu spielen und zur Melodie herumzuhüpfen wie ein Tänzer des Bolschoitheaters. Unerschütterlich, ohne ihn weiter zu beachten, konzentriert sich Daniel auf eine lokale Wetterseite im Internet.

»Ich liefere ihn in der Psychiatrie in Grenoble ab«, meint Jean-Christophe zu mir, »ich kenne die Teams dort, sie sind den Umgang mit Alpinisten gewohnt.«

Ich lache und schließe mich Sylvain an, indem ich eine Art Gigue tanze. Jean-Christophe durchquert das Zimmer, holt seine Luftdruckpistole und verkündet:

»Das Beste wird sein, ich strecke sie alle beide nieder, das erspart ihnen einiges. Dann verscharren wir sie im Wald, Daniel.«

Über der Alpenkette bricht langsam der Abend an, der Himmel leuchtet rot und violett.

In der Nacht bohrt sich der Scheinwerfer durch die Dunkelheit, und in seinem Lichtstrahl sprühen die Insekten wie Funken. Tannenduft steigt mir in die Nase, und ich bekomme immer mehr Appetit. Wir entscheiden uns für ein Bio-Restaurant. Nüchterne Dekoration, Retro-Einrichtung, ein altes Klavier aus hellem Holz an der Wand neben der Bar, wo wir eine große Wurstplatte, Käse, Salat und Obst bestellen. Der Wirt stellt zwei Flaschen ungefilterten Wein auf den Tresen.

Ich frage Daniel, ob er eine Route für den kommenden Tag ausgewählt habe.

»Ja, Sylvain wird ein Gesicht ziehen, aber wir werden den Mont Blanc über die Normalroute machen, Nid d'Aigle, Refuge du Goûter. Wie fühlst du dich?«

»Gut, ein wenig erschöpft, glaube ich.«

»Morgen wird es dir wieder besser gehen. Wir probieren mal eine Gletscherbegehung. Du wirst sehen, das ist etwas anderes als die Kletterei. Ich weise dich ein. Wir stehen früh auf, um vor dem Ansturm an der Seilbahn zur Aiguille du Midi zu sein. Von dort steigen wir ab und dann über die Arête des Cosmiques wieder hinauf. Da ist Technik gefordert, aber es ist sehr schön. Es wird dir guttun.«

Dieses Mal werden wir uns ständig auf einer Höhe über 3850 Metern bewegen. Das wird mich gewaltig beanspruchen, auch wenn Daniel es kleinredet, und ich werde zum ersten Mal der berühmten Höhenkrankheit ausgesetzt sein. Bekomme ich sie oder nicht? Keine Ahnung, das werde ich erst dort oben erfahren, so wie viele andere Antworten in letzter Zeit außer Reichweite scheinen. Wenn es mir nicht gelingt, einige meiner Sorgen abzulegen, riskiere ich, im Pulverschnee zu versinken, ich bin vielleicht ein wenig zu belastet für einen Aufstieg ...

Es ist zugleich der beste und der schlechteste Augenblick, um ein solches Vorhaben umzusetzen. Zufällig werde ich gleich am Montag nach meiner Rückkehr nach Paris mit der Mutter meiner Kinder zur Scheidung vor dem Richter stehen. Die letzten Monate waren von großer Traurigkeit erfüllt, ich war ein »kleiner Mann von hinten«*, der sich mit dem Trennungsschmerz herumschlug und gegen die Versuchung ankämpfte, allem ein Ende zu setzen, damit der Schmerz aufhört. Das Elend war an manchen Abenden so groß, dass ich es nicht mehr bei mir in Deuil-la-Barre aushielt. Meine Kinder und meine Eltern hielten mich vom Schlimmsten ab. Die ganze Zeit war ich ein anderer, ich betrachtete mich von der Seite und erkannte mich nicht mehr in diesem vom Unglück gebeugten Mann, der die Arme vor sein Gesicht hielt, um die Schläge abzufangen. Ich musste etwas tun, bevor mich andere nicht mehr erkannten. Ich hatte keine Deckung mehr, jeder konnte mich benutzen.

Keine Ahnung, warum Sylvain neben mir Russisch spricht. Er steht auf, packt die Rotweinflasche am Hals und steuert auf einen Tisch zu, an dem drei ziemlich gewöhnliche Frauen und ein junger Blondschopf mit langem Haar sitzen. Sylvain schwingt die Flasche, schlägt ihnen offenbar in ihrer Sprache vor, einen Toast auszusprechen. Die Frauen lachen schallend los, während der Blondschopf schüchtern lächelt. Man füllt die Gläser, prostet sich zu und trinkt den Wein in einem Zug aus. Dann setzt sich Sylvain ans Klavier und stimmt ein slawisches Volkslied an. Seine Bergsteigerhände laufen geschmeidig über die Tasten; mit dem leicht vorgebeugten Oberkörper und der Schirmmütze auf dem Kopf sieht er aus wie aus einem anderen Jahrhundert. Als wären wir im Paris der wilden Zwanzigerjahre am Montparnasse. Jean-Christophe und Daniel sind amüsiert über die neue Folge der Abenteuer des Sylvain Tesson.

»Ich wusste gar nicht, dass er Klavier spielt«, sage ich zu Jean-Christophe.

»Zum Glück Klavier. Stell dir vor, er könnte Trompete spielen, dann hätten wir Reißaus nehmen müssen.«

Ich weiß nicht mehr, wann und unter welchen Umständen, aber ich bin in voller Montur in meinem Trachtenjanker eingeschlafen. Das Tageslicht weckt mich um fünf Uhr morgens. Ich stinke nach Rauch. Ungeachtet meiner Bauchschmerzen und der Befürchtungen, die jetzt schon an mir zehren, als täte sich in Höhe meines Brustbeins ein Loch auf, soll ich in wenigen Stunden die Gletscher um die Arête des Cosmiques begehen. Ich stehe vor der Verwirklichung eines Traums, für den ich monatelang trainiert habe, doch ich tue akribisch alles, um ihn zu untergraben. Was in mir sperrt sich gegen das Glück?

Ich hole mir eine Doliprane. Jean-Christophe ist bereits aufgestanden, er räumt die Küche auf. Wir begrüßen uns, er sieht ebenso jämmerlich aus wie ich. Ich lasse Wasser ins Spülbecken laufen, bis es kalt wird.

»Denk an die Quelle«, sagt Jean-Christophe. Ich verstehe nicht, was er meint, strecke weiter meinen Finger in den Strahl, um die Temperatur zu fühlen. »Das Wasser kommt aus einer Quelle, man sollte es nicht so lange laufen lassen.«

Das erinnert mich an meine Kindheit in den Cevennen, wo Wasser ebenfalls kostbar war und nur beschränkt zur Verfügung stand.

In der Seilbahn zur Aiguille du Midi betrachte ich die Mont-Blanc-Gruppe, deren Anblick immer grandioser wird, je höher wir kommen. Selbst von dort oben scheint der Gipfel noch sehr weit entfernt. Ein seltsames Völkergemisch drängt sich in der Kabine. Die Hälfte besteht aus leicht bekleideten Touristen, Chinesen, Slowenen, Russen, Engländern, der Rest aus erfahrenen Bergsteigern, darunter auch viele Ausländer. Erstere sind beschwingt und laut, die anderen konzentriert, sie sprechen leise und werfen dabei ernste Blicke auf die Gipfel. Daniel verkündet, dass wir am Donnerstag zum Mont Blanc aufbrechen werden, weil das Wetter an zwei aufeinanderfolgenden Tagen gut sein soll. Er hat uns Betten im Neubau des Refuge du Goûter reserviert, der gerade den Betrieb aufgenommen hat.

Auf der Plattform der Seilbahn, die einen von der Aiguille du Midi ins Tal zurückbringt, befestigen wir scharfe Steigeisen an unseren Bergschuhen. Ich knie im Schnee, vor mir der abrupte, steil abfallende Hang Richtung Vallée Blanche, der eine große Kurve beschreibt. Auf der rechten Seite, hinter der Aiguille du Midi, die drei steinernen Büsten, der Mont Blanc du Tacul, der Mont Maudit und der Mont Blanc.

Wir steigen ab und queren unterhalb der Südwand der Aiguille, um die Arête des Cosmiques zu umgehen und zum Ausgangspunkt unserer heutigen Tour zu gelangen. Die ersten hundert Meter sind steil, eng, ausgetreten von zahllosen Bergsteigern, und man muss sich vorsichtig vorwärtstasten, weil die eisernen Zacken nur schwer im Eis greifen, das von der Wärme aufgeweicht ist. Sylvain und Jean-Christophe sind in wenigen Minuten unten. Ich fürchte, kopfüber zu fallen. Bei jedem Schritt setze ich meinen Eispickel, ich fühle, dass meine Arme zittern.

Als Daniel und ich die beiden anderen erreicht haben, nehme ich heimlich eine Xanax. Ich ahne, dass dieser Tag lang und hart wird. Beim Abstieg zum Gletscher spüre ich die Nachwirkungen der kurzen Nächte, des Tabaks, des Alkohols und der bangen Erwartungen. Es ist neun Uhr früh, ich bin bereits erschöpft, ich schwitze unter meiner Daunenjacke. Der Sonnenschutz auf meinem Gesicht tropft an mir herunter und brennt mir in den Augen. Mal öffne ich, mal schließe ich den Reißverschluss meiner Jacke, aber ich finde nicht die richtige Temperatur. Heute werde ich es nicht schaffen, meine Gefährten sind mir bereits mehrere Dutzend Meter voraus. Der Schnee gibt nach, ich sinke bis zu den Knien ein, bald bis zu den Schenkeln. Ich achte darauf, langsamer zu gehen, ich setze sorgfältig einen Schritt vor den anderen in den pulvrigen Schnee. Als ich auf ihrer Höhe ankomme, blicke ich in fragende Gesichter.

»Du trudelst«, sagt Daniel. »Du versackst im Tiefschnee. Schau, dort geht's hinauf.«

Daniel zeigt mir eine Spur, die zwischen zwei Felsplatten steil durch einen vereisten Korridor führt. Weiter oben beginnt eine Kette bedrohlicher Felsspitzen, die sich bis zum winzigen Gebäude der Seilbahn senkrecht in den Himmel bohren. Mir ist schleierhaft, wie wir über diese scharfkantigen Felsen kommen sollen.

Für Fragen bleibt allerdings keine Zeit, die Seilschaft marschiert schon wieder los, ich kann gerade noch einen Schluck Wasser nehmen und ein paar Mandeln knabbern. Als ich meine Freunde in aller Ruhe vor mir gehen sehe, bekomme ich Schuldgefühle, weil ich ihrem Rhythmus nicht folgen kann. Ich bin wütend auf mich. Ich enttäusche sie womöglich, dabei geht es ihnen vor allem darum, mir eine Freude zu machen. Ich versuche, Schritt zu halten, soweit meine Kräfte es zulassen, mein T-Shirt ist schweißnass. In der Talmulde liegt überall Schnee, die Sonnenreflexion ist maximal, trotz des Rauchglases meiner Brille blendet das Licht. Ich fühle mich noch schwerer, noch mehr außer Atem, für Juli ist der Schnee noch tief. Ich trudele nicht, ich schwimme. Vor Wut hätte ich Lust, mit meinem Eispickel auf den Pulverschnee einzudreschen. Als ich die anderen erreiche, haben sie schon ihre Jacken ausgezogen, ihre Klettergurte angelegt, die Karabiner vorbereitet, die Rucksäcke zugeschnürt. Ich vermeide den Blickkontakt aus Furcht, in ihren Augen Verärgerung zu sehen. Ich schaue auf den Boden und mache mich so schnell wie möglich fertig. Das Blut pocht in meinen Schläfen, ich triefe, große Tropfen fallen auf mein Kinn.

»Zieh zwei Lagen aus«, sagt Daniel zu mir.

»Eine müsste genügen.«

»Nein, zwei«, wiederholt er eisern.

Ich bin im T-Shirt wie die anderen, die nasse Haut ist der Gipfelluft ausgesetzt. Ein angenehmes Gefühl, aber von kurzer Dauer. Wir befinden uns am Fuß einer Felswand, die in einer scharfen Spitze 700 Meter über uns endet. Drei Mal so hoch wie die Tour Montparnasse. Die Route, der Sylvain und Jean-Christophe folgen wollen, führt durch einen schmalen Korridor zwischen zwei Felsblöcken, an denen Wasser herabrieselt, das auf einer dicken Eisschicht erstarrt, die das Geröll umschließt.

Der Sonne ausgesetzt, taut die Oberfläche und zerbröselt wie Streuselkuchen. Um die acht Zacken der Steigeisen einen Zentimeter tief ins Eis zu rammen, muss man mit aller Gewalt auftreten.

Die Bewegungen der beiden Männer sehen von unten mühelos und natürlich aus. Daniel nimmt mich ans Seil, er steigt voraus, befiehlt mir zu warten, bis er einige Meter geklettert ist, damit er mich von oben sichern kann. Mit ruhiger Stimme erteilt er mir eine Menge Ratschläge. Ich gehe los. Die ersten Meter durchsteige ich ohne Schwierigkeit, der Korridor ist noch breit, das Eis noch fest genug, um mit den Steigeisen einen sicheren Stand zu haben. Daniel steigt weiter, ich sehe, wie er sich Zeit nimmt, die Tritte und Handgriffe überlegt.

Er stoppt und dreht sich um: »Du folgst genau dem Weg, den ich nehme. Ich habe Trittmulden für dich ausgehöhlt, da setzt du deine Füße rein. Es ist einfach«, ruft er mir durch die zum Trichter geformten Hände zu.

»In Ordnung«, antworte ich mit trockener Kehle.

Ich bemühe mich, seinen Spuren genau zu folgen. Ich lasse mir Zeit, beschränke meinen Blick auf das, was unter meinen Händen liegt, denn ich spüre, wie die Angst wieder erwacht – dabei hatte ich geglaubt, ich sei nach der Pointe Percée immun gegen sie. Nichts kann einen ganz gegen die Schrecken des Gebirges wappnen. Die Wand ist inzwischen senkrecht, wenn ich nach hinten falle, bin ich wieder auf Daniels Geschicklichkeit angewiesen, sonst stürze ich ab. Es fällt mir immer schwerer, die Zacken meiner Steigeisen ins Eis zu bohren, meine Füße rutschen weg, ich versuche, mich mit den Händen an den Griffen festzuhalten. Ich bin verkrampft, mein Atem geht kurz. Die Eisschicht ist dünner geworden, der Fels bröckelt, bei jedem Tritt mit dem Steigeisen lösen sich Steinsplitter und stürzen polternd zwischen meinen Beinen talwärts.

»Weiter! Gleich hast du es geschafft!«, brüllt Daniel.

»Ich rutsche.«

»Nein, es geht, leg dein Gewicht auf die Fersen.«

Ich trete mit meinem Fuß so fest ich kann in die schwarze von Eis überzogene Oberfläche, aber mein Steigeisen trifft nahezu sofort auf Fels. Es ist nicht einfach, unter solchen Voraussetzungen das Gewicht auf die Fersen zu drücken. Ich mache irgendetwas, lege mich blindwütig ins Zeug, meine Bewegungen sind unkoordiniert. Fünfzig Meter weiter oben sehe ich Sylvain und Jean-Christophe, die den verfluchten Kamin angehen. Im Augenblick leisten sie Schwerstarbeit am Berg. Um mich herum sausen überall Steine herunter, ich muss mich zur Seite drehen, um den größten auszuweichen. Sie bahnen sich mit aller Kraft einen Weg, ihre Eispickel sausen durch die Luft und trommeln auf den Fels.

»Es ist gut!« brüllen sie.

»Auf geht's, Ludo!«, sagt Daniel, der nur noch wenige Meter über mir ist.

Ich komme völlig erschöpft an, meine Knie schmerzen, ich habe das Vertrauen in meine Fähigkeiten verloren. Der kleine Felsvorsprung, auf dem wir anhalten, hängt über dem riesigen Kessel, in dem ich mich gerade noch Zentimeter für Zentimeter verausgabt habe. Daniel lehnt am Fels, er studiert die Karte, auf der die verschiedenen Routen zum ersten Gipfel eingezeichnet sind. Er hat begriffen, dass ich es auf diesem Weg nicht schaffe. Er sucht nach einer anderen Möglichkeit, dorthin zu gelangen. Der Korridor erfordert zu viel technisches Know-how für mich, ich bin an meine Grenzen gekommen.

»Kein Problem«, sagt er, »ruh dich aus, hol Atem.«

Ich versuche durchzuatmen, mich vom Anblick der Tiefe nicht lähmen zu lassen. Daniel und Sylvain verständigen sich darüber, dass wir an einem späteren Punkt zusammentreffen, Sylvain und Jean-Christophe bleiben auf dieser Route zum Gipfel.

»Wir seilen uns ab bis zu der Stelle, wo wir losgegangen sind«, sagt Daniel. Er bereitet den Klettergurt vor, den Reverso für das Abseilen, dann prüft er aufmerksam unsere Abseilpiste. »Ich gehe als Erster«, sagt er, »du kommst nach, wenn ich unten stehe. Du machst es so, wie ich es dir gestern gezeigt habe, du sicherst dich beim Abseilen selbst. Lass dich nicht zu schnell runter. Schau zu, wie ich es mache. Keine abrupten Gesten, du gibst langsam Seil.«

Er lehnt sich in den Klettergurt, die Beine gegen die Wand gestemmt, sein Körper hängt über dem Abgrund. Ich sehe ihn langsam verschwinden. Ich bin ein wenig entmutigt, weil wir wieder bei null anfangen werden, die ganzen Anstrengungen waren umsonst. Woher soll ich die Kraft nehmen weiterzuklettern? Ich höre mich rufen, dass ich komme. So ruhig wie möglich bemühe ich mich, seinem Beispiel zu folgen. Ich hake einen Karabiner nach dem anderen aus und hänge sie an meinen Klettergurt. Das Metall klirrt bei jeder Bewegung. Zum ersten Mal seit unserer Ankunft bin ich gescheitert. Ich spüre konkret die Feindseligkeit des Gebirges, hier sind keine Arrangements möglich, gibt es keinen Platz für Verhandlungen. Pech für jeden, der seine Kräfte überschätzt.

Unten angelangt, teilt Daniel mir mit, dass wir den Felsblock umrunden müssen, um ihn auf einer gangbareren Route zu bezwingen. Ich trudele durch den Schnee, der von der starken Mittagshitze schwer geworden ist. Am Fuß des Anstiegs frage ich Daniel, ob wir uns eine Pause in der Hütte gönnen können, die ich zu meiner Linken sehe. Er zögert, scheint im Kopf nachzurechnen, wie viel Zeit es uns kosten würde, ein Sandwich zu verschlingen und ein Bier zu trinken.

»Einverstanden, das schaffen wir, die letzte Seilbahn ins Tal geht um 17.30 Uhr.«

Während wir essen, zeigt er mir unser Programm für den Nachmittag. Von den gepunkteten Linien auf der Karte kann ich auf nichts schließen, sie wecken höchstens Zweifel. Ich habe gelernt, mich vor diesen Routen zu fürchten, die scheinbar kurz und leicht sind, tatsächlich aber die Herausforderungen des Terrains selten wiedergeben. Nur eine Sache ist unbestreitbar: Dieses Felsmassiv, dessen Rücken gespickt mit braunen Klingen vor uns aufragt, verheißt einen langen und mühsamen Aufstieg.

Von den ersten Metern an ist mir klar, dass es happig wird. Ich schlucke vorsichtshalber eine Xanax, so viele habe ich nie zuvor genommen. Amüsiert denke ich an jene Zeit in meinem Leben zurück, als ich zögerte, auch nur eine halbe Aspirin zu schlucken.

»Es ist schwer, Daniel. Schwerer als vorgestern.«

»Das ist normal, du bist noch ganz am Anfang. Wir sind hier im Hochgebirge, jede Bewegung kostet Kraft. Komm, nur Mut, bleib konzentriert, du schaffst es.«

Wir passieren eine gefährliche Stelle nach der anderen, ich komme nirgends ins Straucheln, hoffe bei jeder neuen Etappe, dass es die letzte sein möge. Ich habe aufgehört nachzudenken, mir vorzustellen, was mit mir geschehen könnte. Ich füge mich, als würde die Bergwelt mich zu einem machtlosen Spielzeug machen, mit dem sie sich unterhält, indem sie mich zwischen ihren schrecklichen Schultern hin- und herrollt. Es wird mir nicht einmal mehr schwindelig, ich bin ein angezählter Boxer, der nur noch auf den letzten Haken zum K. o. wartet.

Auf der Spitze des ersten Grats legen wir eine längere Pause ein. Am Bergstock sind Wolken hängen geblieben, die Temperatur ist gefallen. Wir bewegen uns durch einen milchigen Schleier, ich fröstle von den Wassertropfen, der Schweiß, der mein T-Shirt durchtränkt, ist eisig. Eine unbestimmte Melancholie kommt in mir auf. Vom strahlenden Sonnenschein in diesen Nebelmantel zu geraten, betäubt den Verstand. Eine Seilschaft von zwei jungen Kerlen holt uns ein. Der eine ist erfahrener als der andere, seine abgenutzte Ausrüstung verrät es. Wir wechseln ein paar Worte mit dem Novizen.

»Nicht leicht«, sagt er zu mir.

»Nein, vor allem nicht, wenn man keine Übung hat.«

»Nein, es ist nicht leicht«, wiederholt er vergnügt.

Sein Kumpel weist ihn an, sie verschwinden in den Felsen und im Nebel.

Unser Aufstieg ist schneller geschafft als erwartet, wir sind fast bei der Seilbahn. Daniel möchte sich die Finger und die Füße lockern, bis Jean-Christophe und Sylvain zu uns stoßen. Zwischen den Wolken kommt jetzt großflächig blauer Himmel zum Vorschein, wir sind keine Gefangenen dieser wattierten Gummizellen mehr, vor uns liegt wieder das majestätische Alpenpanorama.

Daniel nimmt mich ein wenig weiter nach unten mit, dorthin, wo er eine kurze Kletterroute ausfindig gemacht hat, auf der er sich austoben kann, solange wir auf die anderen warten. Wie bei Erdbeben ist der Schwierigkeitsgrad von Kletterrouten nach französischer Bewertung von 1 bis 10 skaliert. Den Grad 10 gibt es nicht, er bezeichnet das theoretische Maximum, die gefährlichsten Routen der Welt sind mit 9+ eingestuft. Diese Route hat den Schwierigkeitsgrad 8, was bedeutet, dass nur eine sehr kleine Zahl von Kletterern imstande ist, sie anzugehen.

Für die kundigen Bergsteiger, die an der Route vorbeikommen, ist Daniel eine Attraktion. Ich betrachte aufmerksam die glatte Wand, an der er wie ein Reptil hinaufkriecht, seine Bewegungen sind langsam, gleichmäßig, unsichtbare Vertiefungen geben ihm Halt. Nur die Finger- und Zehenspitzen sind im Einsatz. Er klebt am Fels, als wäre er magnetisiert. Er hält inne, legt den Kopf in den Nacken, sucht einen Griff, den nur seine Augen sehen, er findet ihn, erfindet ihn sozusagen, denn auf diesem Niveau ist Klettern Kreativität. Sein Arm greift vor, während sich seine Beine schon langsam abdrücken, um ihn weiter hinaufzuschieben. Er kommt zum ersten Standplatz:

»Zug!«, ruft er mir zu.

Ich ziehe das Sicherungsseil an, damit er, sollte er abstürzen, »hineinfallen« kann.

»Nein, zu feucht«, sagt er, »ich komme wieder runter. Du sicherst mich, okay?«

Ich kontrolliere meine Fixpunkte, ich spüre das Gewicht des Körpers, der am anderen Ende des Seils im Klettergurt hängt. Die Sicherheit eines Kletter-Weltmeisters liegt in meinen Händen, ein seltsames Gefühl. Ich lasse Daniel langsam ab, er kommt im Geröll an.

Sylvain und Jean-Christophe tauchen hinter der Wand unter mir auf, ihre Gesichter sind von Erschöpfung gezeichnet. Sie betrachten den Felsblock, an dem Daniel seine Ausrüstung im Rucksack verstaut.

»Welcher Grad?«, erkundigt sich Sylvain.

»8, glaube ich«, sagt Daniel bescheiden, »aber ab der Hälfte ist es nass. Man kommt nicht weiter.«

Sylvain spielt mit dem Gedanken, die Herausforderung anzunehmen, doch Daniel erinnert ihn daran, dass die letzte Seilbahn in einer halben Stunde ins Tal fährt und wir nicht bummeln sollten, wenn wir nicht in den eisigen Fluren der Seilbahnstation kampieren wollen. Als wir dort ankommen, macht sich gerade eine Mannschaft von Industriekletterern daran, an den Fassaden des Gebäudes zu arbeiten. Eine hübsche junge Frau, die an einem Stahlseil hängt, brüllt uns energisch etwas zu. Sie drückt sich aus wie ein Mann, ihre Stimme ist tief, ihre Sprache ruppig, voll von derben Ausdrücken.

»Hey, ihr habt wohl einen Sprung in der Schüssel!«, bellt sie. »Fünf Minuten später, dann hättet ihr auf dem Boden im Flur gepennt und euch die Eier abgefroren. Einfach Idioten, diese Pariser!«

Als sie unsere Gesichter sieht, lacht sie schallend los und nennt uns »Pfeifen«. Wir gehen vorbei, ohne auf die nächste Salve zu warten.

Heute ist Ausruhen angesagt. Morgen, am Donnerstag, nehmen wir den Mont Blanc in Angriff. Daniel wiederholt mit mir die grundlegenden Verhaltensvorschriften für die Seilschaft. Er zieht mit mir Bilanz aus dem, was ich in den letzten Tagen gelernt habe. Das Wesentliche, das weiß ich jetzt, besteht darin, einige elementare Handgriffe ruhig und sorgfältig auszuführen. Obwohl Daniel das Wort »Disziplin« vermeidet, hängt der Erfolg unserer Tour davon ab, ob ich imstande sein werde, mich den Anforderungen dieses Sports anzupassen. Doch manchmal fällt es mir schwer, mich von seinen Ausführungen überzeugen zu lassen, wenn ich sehe, wie entspannt Sylvain und Jean-Christophe die Sache angehen. Mit einer humorigen Bemerkung mache ich ihn darauf aufmerksam.

»Bei ihnen ist das anders«, gibt er zurück, »sie sind mit der Bergwelt vertraut. Auch wenn es für dich nicht immer so aussieht, sie sind ausgezeichnete Kletterer, sie setzen sich keinen unnötigen Risiken aus, sie kennen ihre Grenzen und die Gefahren. Du nicht, also bleib wachsam.«

Wir packen unsere Rucksäcke. Daniel kontrolliert jedes Kleidungsstück, jeden Gegenstand, den ich mitnehme. Man darf nichts vergessen, aber das Maultier auch nicht unnötig beschweren. Ich packe ein:

- ein Paar Schneegamaschen
- eine winddichte Hose
- eine Goretex-Funktionshose
- einen Fleecepullover
- einen Rolli aus Mikrofaser
- ein T-Shirt aus Mikrofaser
- zwei Paar Socken (dicke und leichte)
- zwei Unterhosen
- eine Mütze
- einen Klettergurt
- Steigeisen
- zwei Paar Handschuhe (dicke und leichte)
- Kletterschuhe
- einen Eispickel
- eine Stirnlampe
- einen Helm
- eine Gletscherbrille
- einen Schlauchschal aus Fleece
- eine K-Way-Regenjacke
- eine mit Fleece gefütterte Jacke
- eine Trinkflasche
- mehrere Expresssets
- Energieriegel und Mandeln

- Sonnencreme und Lippenbalsam mit höchstem Sonnenschutzfaktor
- ein Päckchen Zigaretten und ein Feuerzeug
- Xanax, Stilnox, Doliprane
- ein iPhone, Kopfhörer, Kreditkarte, fünfzig Euro

Als der Rucksack zugeschnürt ist, überprüft Daniel mit der Hand sein Gewicht, zieht an den Gurten und Verschlüssen. Wie bei einem Initiationsritual reicht er mir seinen Rucksack.

»Er ist schwerer als meiner«, sage ich naiv.

Er grinst und antwortet, er trage die Zusatzausrüstung, einen Erste-Hilfe-Beutel, eine Ersatztrinkflasche, Express-sets, Klemmgerät, ein Messer, zwei Fünfzig-Meter-Seile, dazu Wurst und gekochten Schinken.

Ich wandere in Jean-Christophes Chalet umher, betrachte die Hänge des Mont Blanc mit dem Fernglas, sie haben jetzt die Farbe von Branntkalk. Die Aluminiumkuppel des Refuge du Goûter glänzt in der Sonne, alles dort oben scheint vollkommen unabhängig zu sein. Ich spüre, wie ich es kaum noch erwarten kann, den Gipfel zu besteigen. Ich schlüpfe in meine Shorts, ein T-Shirt, meine Nike Pegasus und laufe auf der kleinen Straße los, die ins Dorf hinunterführt. Mit den ersten Schritten löst sich die Anspannung im Rhythmus der Herzschläge auf. Ich steigere das Tempo, der Hang hilft mir dabei. Die Pulsbeschleunigung neutralisiert das Adrenalin, dessen erhöhter Wert für zwanghafte Gedanken verantwortlich ist. Wegen des Alkoholkonsums schwitze ich mehr, aber es gefällt mir, wenn ich spüre, wie Schweiß über mein Gesicht, meinen Oberkörper rinnt, es gibt mir das Gefühl, gleichzeitig etwas anderes auszuschwitzen. In gewisser Weise wird damit der Zähler auf null zurückgesetzt.

Ich laufe im Schatten von Tannen, im süßen Duft ihres Harzes, nichts entgeht meiner Aufmerksamkeit, ich nehme die kleinste Bewegung im dunklen Unterholz wahr. Auf der Straße, wo der Teer in der prallen Sonne die Hitze zurückwirft wie eine Ofenplatte, verlangsame ich das Schritttempo. Das Herz pocht in meiner Brust, doch das ist nichts im Vergleich zu dem, was mich am nächsten Tag erwartet. Dann halte ich mich an meinen Atem, an meinen Traum, hoffentlich geht alles gut. Ich stoppe vor einem hölzernen Wassertrog, in der Nähe weiden ein paar Kühe. Ich tauche meine Hand hinein und kühle meine glühend heiße Stirn, das Wasser läuft an mir herab, ich habe den Geschmack von Schlamm und Heu im Mund. Fehlt bloß noch, dass ich mir eine Darminfektion einfange.

Ein Stück weiter komme ich an einem Bauernhof vorbei, wo zwei Kraftprotze mit nacktem Oberkörper Zementsäcke von einem klapprigen Pick-up in einen Schuppen tragen. Feindselig und spöttisch mustern sie mich: Sie sehen einen Pariser Blödmann in orangegelben fluoreszierenden Basketballschuhen und mit roter Baseballkappe. Ich fühle mich irgendwie lächerlich angesichts der beiden, die bei dieser Gluthitze arbeiten. Ich laufe schneller, umrunde den Hof auf einem Feldweg, der mich vor die Dorfkirche bringt. Ich würde gerne hineingehen, aber die Tür ist verriegelt. Unter dem Kruzifix im Frontgiebel bete ich zu Gott, dass er mir morgen helfen möge, und bekreuzige mich. Manchmal, glaube ich, erhört Er mich, aber nie so, wie ich es möchte. Gott und der Mont Blanc – zwei undurchdringliche Gottheiten. Wenn man sie anruft, strapaziert man nur die eigenen Nerven, besser ist es, sich auf die Vorsehung zu verlassen. Ich kann mir nicht vorstellen, diese Sichtweise vor Daniel auszubreiten, er würde mich für verrückt halten. Was ich zweifellos bin, wenn ich in der prallen Mittagssonne joggen gehe. Ich begegne keiner Menschenseele, nur einer alten Frau, die reglos auf der Schwelle eines Steinhauses sitzt und deren Gesicht so ockerbraun ist wie der Karst auf der Pointe Percée.

Ich beschließe, wieder zum Chalet zurückzukehren. Unterwegs stoße ich auf drei frei laufende junge Kühe, die die Straße blockieren und ein lang gezogenes Muhen ausstoßen. Ich versuche, ein Passierrecht auszuhandeln, meine Worte stoßen auf keinerlei Gehör, sie muhen immer lauter, entschlossen, nicht von der Stelle zu weichen. Sie sehen harmlos aus, aber man weiß ja nie. Besser, ich hüpfe über den Straßengraben und schlage mich durch den Wald, durch Farn und Brennnesseln, die meine Waden quälen. Atemlos komme ich auf die Straße zurück, der Hang dort ist steil, aber ich gebe Gas, als wollte ich mich für meine letzten Exzesse bestrafen, ich atme tief ein, damit mir die Luft nicht ausgeht. Mein T-Shirt ist nass, dicke Schweißtropfen nehmen mir die Sicht.

Im Chalet hat niemand meine Abwesenheit bemerkt. Sylvain schreibt auf seinem Laptop. Auf der Terrasse sitzt Jean-Christophe und macht sich Notizen in ein Heft. Vor ihm ein Bier und ein Aschenbecher, in dem eine Zigarette vor sich hin qualmt.

»Was soll ich davon halten, dass ich wegen dir ständig rauche? Möchtest du eine?«

»Ich komme gerade vom Joggen.«

»Du willst mich doch nicht im Ernst allein rauchen lassen? Setz dich und hol dir ein frisches Bier.«

Ich gehorche. Der erste Schluck tut mir gut. Jean-Christophe bietet mir eine Zigarette an. Ich ziehe den Rauch ein. Welch ein Genuss.

»Verdammt schön, sich zu vergiften.«

Vor meinen Augen dreht sich alles, ich lehne mich auf meinem Stuhl zurück, kippe und lande auf dem Rücken, die Augen geschlossen wegen der Sonne. Ich sehe eine orangefarbene Fläche, über der sich gelbe und grüne Spiralen schlängeln.

»He, schlaf nicht ein! Schau mal durchs Fernglas, auf der Arête des Italiens ist eine Seilschaft unterwegs«, sagt Jean-Christophe und zieht an seiner Zigarette.

Ich erkenne eine kleine schwarze Raupe, die auf der weißen Klinge des Grats zittert. An jeder Seite ist »viel Luft«, es geht mindestens tausend Meter in die Tiefe, die Bergsteiger sehen aus wie Seiltänzer mit Fäustlingen. Doch von unten betrachtet, erscheint ihre Leistung lächerlich, wozu solche Risiken eingehen? Beim Absetzen des Fernglases übermannt mich Mutlosigkeit. Ich würde gern nach Paris zurückkehren, mich in meine Wohnung verkriechen und einen Schlussstrich unter diesen Irrsinn ziehen.

»Jetzt verstehst du besser, warum wir nicht über die Arête des Italiens aufsteigen können. Das wäre Wahnsinn bei deinen Fähigkeiten. Sylvain macht sich das manchmal nicht klar«, sagt Jean-Christophe.

Ich nehme noch einen Schluck Bier, zünde mir eine weitere Zigarette an, der Boden schwankt, mir wird beinahe übel. Aber ich reiße mich zusammen und esse ein Stück in Olivenöl getunktes Brot.

»Darf ich dich etwas fragen, Jean-Christophe?«

»Junge, Junge! Was ist denn los? Du musst wissen, ich habe meinen Rezeptblock vergessen.«

»Warum machst du das? Ich meine, warum kommst du mit uns zum Mont Blanc, du warst schon zwanzig Mal da oben.«

Er blickt zur Seite, schnappt sich das Fernglas, legt es wieder zurück.

»Was ist das heute für ein Licht, wo habe ich bloß meine Sonnenbrille hingelegt?«

Auch ich vermeide es, ihn anzusehen.

»Glaubst du, ich schaffe es?«

Sein Gesicht verrät Aufmerksamkeit, eine Weile fixiert er schweigend den Mont Blanc.

»Fest steht, dass wir vier eine lustige Woche zusammen verbracht haben und dass ich, was die körperliche Vorbereitung betrifft, bessere Methoden kenne. Aber klar doch, du schaffst das. Du hast eine gute Pumpe. Schließlich weiß man nie, wie der Organismus in der Höhe reagiert, das bleibt *the big question.*«

»Was heißt das, eine gute Pumpe?«

»Du hast ein starkes Herz. Du hältst etwas aus. Im Endeffekt war das Wichtigste für dich in den letzten Monaten, dass du viel gejoggt bist; ob du rauchst oder dir die Kante gibst, tut nichts zur Sache.«

»Du bist und bleibst ein komischer Arzt.«

»Na ja, wenn ich mir Sylvain so anschaue, habe ich den Eindruck, einen Irren im Wohnzimmer zu haben. Sieh ihn dir an mit seiner Zigarre und der Kapitän-Haddock*-Mütze. Komplett daneben.«

»In der Tat, ein Doktor Gonzo. Hast du ›Angst und Schrecken in Las Vegas‹ gelesen?«

»Trotzdem ist es idiotisch, dass ich wieder mit dem Rauchen angefangen habe, du nervst.«

»Ich rauche nur, um dir entgegenzukommen, um zu verhindern, dass du dich schuldig fühlst. Und ich weise dich darauf hin, dass du mehr rauchst als ich.«

»Weil ich größer bin und folglich eine größere Lunge habe. Der Grund ist rein physiologischer Natur.«

»Ach so! Ich verstehe. Du siehst jedenfalls aus, als wärst du in Form.«

»Sagst du. Ich habe keinen Saft mehr in den Armen, es ist ein Elend. Ich bin nicht so mehr so jung wie ihr.«

»Ich mache mir Sorgen wegen des Mont Blancs, ich weiß nicht, ob ich es schaffe.«

»Es wäre besser, den Aufstieg in ein paar Tagen zu machen. Schade, dass du am Montag zurückmusst. Acht Tage sind zu kurz. Man braucht im Gebirge zwei Wochen, um sich in Schuss zu bringen. Schau mich an, ich bin auf dem besten Weg, mir bei euren Dummheiten eine Bronchitis zu holen.«

Jean-Christophe bricht in Gelächter aus. Man kann nicht sagen, ich sei beruhigt, aber meine Füße haben wieder mehr Bodenhaftung, und ich fühle mich jetzt, wo ich weiß, dass auch er nicht ganz fit ist, weniger allein. Nur Daniel und Sylvain halten diesen Feierrhythmus durch, der wahrscheinlich das übliche Tempo ihrer Expeditionen darstellt. Selbsterfahrung im Gebirge bedeutet das Erleben von Freundschaft, aber mehr noch die Lust am Risiko und die Freude, wenn man dabei über die Stränge schlägt.

Der verbleibende Nachmittag dient der Besprechung der verschiedenen Etappen der Voie Royale. Mir fällt bei dieser Bezeichnung der gleichnamige Roman von André Malraux ein: »Der Königsweg«. Ich gestehe, ich habe ihn nicht gelesen. Wenn Malraux ein leuchtender Schriftsteller und großer Visionär war, dann spiegelt sich das nicht in seinen Romanen, wie ich meine. Nie war seine Prosa beflügelter als in seinen »Anti-Memoiren« mit ihrem übersteigerten und zornigen Stil. Etwas vom Gestus des Künstlers reicht hinein in sein Engagement auf dem politischen Parkett und passt gut zu seinem Denken, es legt das Gewicht auf die Tat, auf die Überhitzung des Körpers. Das einzige Foto, das auf meinem Schreibtisch steht, erscheint mir jetzt in neuem Licht; man sieht darauf, wie mein Großvater von André Malraux einen Orden überreicht bekommt. Ich könnte also durch das Mysterium dieses Fotos hierhergekommen sein, in die schonungslose Konfrontation mit dem Hochgebirge.

Gegen achtzehn Uhr bereiten Sylvain, Daniel und Jean-Christophe den Aperitif auf der Terrasse vor. Das Dosenbier, das noch übrig war, ist schnell getrunken, der Nachmittag endet feucht, irgendetwas schwitzt im Tal, es ist ein wenig abstoßend, legt sich auf die Haut, man würde weiß Gott was anstellen, um es loszuwerden. Sylvain hält es nicht mehr aus, er kreist wie eine Hornisse um den Tisch. Ich schlage vor, nach Saint-Gervais hinunterzufahren und für das Abendessen einzukaufen.

»Zur Feier deines Aufstiegs leisten wir uns heute Champagner, Ludovic!«, meint Sylvain.

»Wir stoßen heute Abend auf den Mont Blanc an, dann haben wir, falls wir es nicht schaffen, zumindest unsere Tour begossen.«

»Sei still, das bringt Pech«, sagt Daniel.

Ich weiß nicht, ob die Bemerkung ernst gemeint ist, denn Daniel ist beileibe nicht der Typ, der Amulette um den Hals trägt und Talismane küsst, bevor er auf einen Berg steigt.

»Spaß beiseite, es könnte uns durchaus erwischen«, sagt Jean-Christophe, »habt ihr heute Morgen die Zeitung von Chamonix gelesen?«

»Ich habe seit einer Woche keine Zeitung mehr aufgeschlagen«, sage ich, »man gewöhnt sich schnell daran, die Brücken hinter sich abzubrechen und sich schlechte Nachrichten zu ersparen.«

»Gestern sind drei Polizisten dort oben gestorben. Sie wurden von einer Lawine mitgerissen. Merkst du was? Diese Jungs waren keine Anfänger, sie trainierten mit dem Polizeikorps der Bergwacht.«

Mit einem ernsten Kopfnicken bestätigt Daniel wortlos die Nachricht. Unter Bergführern sind Unfälle im Gebirge nicht nur Überschriften auf gedrucktem Papier, sondern persönliche Dramen. Auch Sylvain schweigt, sein bester Freund ist mit siebzehn Jahren vor seinen Augen beim Klettern tödlich verunglückt. Und von wie vielen Tragödien war Jean-Christophe bei seinen häufigen humanitären

Missionen in Afrika Zeuge? Wer waren diese Polizisten? Man erfährt nur ihr Alter, sie waren keine dreißig. Das ist ein hoher Preis für die Sicherheit von Touristen aus aller Welt, die zum Mont-Blanc-Massiv kommen, um hier ihren Traum zu verwirklichen.

Sylvain füllt zwei Kisten mit Champagnerflaschen, Gruyère, Brie, Eiern, Tomaten, Radieschen, Würsten und Nudelsalat. Wir fahren mit hohem Tempo durch die Dunkelheit zurück. Mich beschleicht ein vages Schuldgefühl, weil ich einmal mehr dem Aufruf zu feiern nachgegeben und mich nicht schlafen gelegt habe, um fit zu sein. Doch wozu eigentlich diese zwanghafte Anstrengung, ein gesundes Leben zu führen? Im Grunde genommen schere ich mich nicht darum, lassen wir uns überraschen.

Es ist ungefähr zwei Uhr früh, als ich es endlich schaffe, mich in mein Zimmer zu schleppen. Mein Hals brennt, mein Magen streikt. Eine halbe Stunde später stehe ich auf und übergebe mich direkt in die Toilette. Diskretion bedarf es keiner, denn unten singen meine Freunde aus vollem Hals. Ich weiß nicht, was sie anstellen, aber das Konzert ist grauenhaft, eine Katzenmusik auf der Mundharmonika, größtenteils von falschem Gesang überdeckt. Auf der Suche nach einer Stilnox packe ich meinen Rucksack aus. Mir ist zum Heulen zumute, als ich wieder ins Zimmer zurückkomme und sehe, dass ich die Schachtel mit dem Schlafmittel auf den Nachttisch gestellt hatte. Ich nehme gleich zwei. Aus Angst, ich könnte stürzen, mache ich mich auf allen vieren auf den Weg durchs Zimmer bis zum Fenster und presse meine Stirn an die kalte Scheibe.

Schließlich übermannt mich der Schlaf mit seinen Albträumen. Ich bin in einem Garten auf dem Land, es ist ein ruhiger Nachmittag. Auf einem Liegestuhl ausgestreckt, betrachte ich den Himmel, an dem plötzlich eine kleine Formation von Jagdflugzeugen aufkreuzt. Ich stehe auf, um ihnen hinterherzuschauen, und begreife, dass sie als Aufklärer zu einem weit größeren und bedrohlicheren Geschwader gehören. Der Horizont ist plötzlich überzogen mit riesigen Bombern im Tiefflug. Sie kommen in Wellen, begleitet von Mirage-Abfangjägern in Überschallgeschwindigkeit. Ihre Anzahl und ihr Lärm sind entsetzlich. Während ich barfuß auf dem Rasen stehe, wird mir klar, dass meine Vernichtung unmittelbar bevorsteht. Schweißgebadet wache ich auf. Es ist vier Uhr früh. Verflucht seien alle Schlafmittel, die mich nicht länger schlafen lassen!

Im Dunkeln gehe ich auf die Terrasse hinunter. Die kühle Nacht mildert meine Unruhe etwas. Fröstelnd sitze ich auf der Steinumrandung, dann lege ich mich auf die Holzdielen, um den Himmel in seiner erhabenen Klarheit zu bewundern, mit den unendlich vielen »Lichtern«, die dort oben leuchten, wie es in der Genesis heißt. Im Halbschlaf, der, wie ich am nächsten Morgen begreifen werde, eine Art Delirium ist, suche ich den Himmel nach einer Sternschnuppe ab. Je mehr mich die Kälte durchdringt, desto mehr versteife ich mich darauf, diese Sternschnuppe abzuwarten. Ich bin überzeugt, dass mein Heil von diesem Zeichen abhängt, das der Himmel mir schickt, das am Himmel erscheint. Der düstere Schrei eines Kauzes unterbricht die Stille. Ich schlafe für ein paar Minuten ein, genau so lange, um im Traum einen hellen Punkt über den Himmel ziehen zu sehen. Als ich wieder zu mir komme, weiß ich nicht, ob ich mir meinen Stern eingebildet oder ihn wirklich gesehen habe. Ich wünsche mir etwas. Endlich komme ich zur Ruhe, es kann losgehen. Ich bin bereit.

Beim Aufstehen fühle ich mich seltsam heiter, als hätte ich mich mit allem abgefunden. Jean-Christophe ist unter der Dusche, die beiden anderen wuseln herum, das Wohnzimmer liegt in mildem Morgenlicht. In T-Shirt und Unterhose schaue ich durch die Terrassentür. Zur Rechten die dunkelgrüne Masse der Tannen, zur Linken das Vallée des Contamines, das im Sonnenlicht zu fluoreszieren scheint. Beim Wassertrog bewegt sich etwas im Gras. Plötzlich tauchen kleine Ohren auf, dann der Kopf eines aufgeschreckten Kaninchens. Es macht einen Satz, stellt sich auf seine Hinterpfoten, legt die Ohren an und dreht sich nach allen Seiten. Das Schauspiel fasziniert mich: Dieses kleine Tier hat die letzten wirren Bilder der Nacht aus meinem Kopf verjagt.

Ohne auf die anderen zu warten, schneide ich mir große Scheiben vom Brot ab und esse sie mit Marmelade aus wilden Brombeeren. Daniel setzt sich neben mich, er ist bereits angezogen, sein Gesicht verrät keinerlei Unruhe.

»Du machst es richtig«, sagt er, »iss ordentlich, wir werden für die beiden kommenden Tage Reserven brauchen. Vergiss das Trinken nicht. Bist du sicher, dass du an alles gedacht hast?«

»Ja, wir haben das Gepäck zusammen überprüft.«

»Etwas Wichtiges hast du vergessen. Einen Müllbeutel. Im Gebirge wirft man nichts weg. Alles, was mit uns hinaufgeht, kommt auch wieder mit uns herunter, einschließlich Kippen und Zigarrenstummel. Das ist ein Prinzip, an das sich alle Bergsteiger halten.«

9.30 Uhr. Wir nehmen Platz in der Zahnradbahn, die am Bahnhof von Saint-Gervais abfährt und mit dreißig Stundenkilometern zum Nid d'Aigle hinaufführt. Die Holzwaggons knirschen in jeder Kurve. Der Zug fährt so langsam, dass man das Gefühl hat, man könnte aussteigen und neben der Bahn herlaufen. In der Abfahrtshalle informierte ein Schild darüber, dass die Bahn 1954 in Betrieb genommen worden ist, seither scheint sich nichts verändert zu haben. An Bord sind vor allem Spaziergänger, Touristen. Die weniger zahlreichen, von ihren Bergführern begleiteten Bergsteiger erkennt man an ihrem konzentrierten Gesichtsausdruck. Seit einigen Jahren wird der Zugang zum Mont-Blanc-Gipfel sehr viel strenger überwacht. Seit Juni haben bereits zehn Bergsteiger den Tod gefunden. Der Zug erreicht die Endstation um 10.30 Uhr, wir sind auf 1590 Metern Höhe. Vor mir liegen die niedrigen Almwiesen, aus denen sich immer wieder von Flechten überzogene Felsen erheben, deren Farbe an schottischen Tweed erinnert. Ohne uns aufzuhalten, starten wir auf einem steinigen Weg. Sylvain und Jean-Christophe gehen an der Spitze, fünfzig Meter voraus.

»Wir gehen zum Glacier de Bionnassay. Über den Gletscher steigen wir auf zum Refuge de Tête Rousse«, sagt Daniel.

Er hält mir die Karte hin und zeigt mit dem Finger auf eine Linie, die durch eine große weiße Fläche führt.

Wir steigen am Gletscherrand auf, die Sonne ist einem dichten Nebel gewichen, in dem winzige Eiskristalle schweben. Die Temperatur ist um die Hälfte gesunken und liegt bei höchstens acht Grad Celsius. Ich bin ein wenig enttäuscht darüber, dass Nebel aufgekommen ist, der mir wahrscheinlich einen herrlichen Blick auf den Gletscher raubt.

Bergsteigen ist ein heikles Unternehmen. Meine gesamte technische Ausrüstung ist geliehen. Die Schuhe gehören Sylvain, sie sind so groß, dass ich wie ein Wahnsinniger an den Schnürsenkeln ziehen muss, damit die Schuhe die Knöchel fest umschließen. Doch trotz zwei Paar dicker Socken heben sich meine Fersen, wenn ich gehe, ich hoffe nur, dass ich auf Dauer keine Blasen bekomme. Ich habe es Daniel noch nicht gesagt, aber ich spüre schon ein Brennen an der linken Ferse. Nach dem Anschnallen der Steigeisen ist der Druck auf die schmerzende Partie größer geworden. Ich sage lieber nichts und hoffe dummerweise, dass der Schmerz von selbst nachlässt.

Wegen der Nebelwand bewegen wir uns durch eine blaugrüne Landschaft, in der der Schnee grau schimmert. Und dann kommen wir plötzlich aus diesem Limbus und stehen vor einem gestochen scharfen Panorama, überragt von der Aiguille de Bionnassay. Sylvain und Jean-Christophe haben angehalten, sie sind sichtlich unzufrieden mit der Route. Daniel rät mir, mich hinzusetzen, die Gelegenheit zum Trinken zu nützen und meine Regenjacke auszuziehen. Seit wir vom Weg abgezweigt sind, haben wir niemanden mehr getroffen, ich habe das seltsame Gefühl, allein zu sein, abgeschnitten von der Welt in diesem Tal, in dem ich nirgendwo Spuren anderer Menschen entdecken kann.

»Wir nehmen nicht den gewöhnlichen Weg«, sagt Daniel, »Sylvain meint, wir könnten abkürzen, wenn wir über den Kamm vor uns gehen. Dahinter kommen wir auf den Weg zum Refuge de Tête Rousse.«

Sylvain ist offensichtlich entzückt über diese spontane Begehung einer neuer Route.

»Du wirst sehen, es ist nicht schwer«, sagt er zu mir, »wir gewinnen Zeit, die Schutzhütte liegt direkt hinter diesen Bergen.«

Es ist schon fast Mittag, die Sonne steht senkrecht, ihre Strahlen brennen auf uns herab, als hinge ein Flammenmeer über uns. Wir setzen uns in Bewegung, Sylvain geht voraus. Daniel hat mich bei sich angeseilt, denn wir sind immer noch auf dem Gletscher und die Gefahr, in eine Spalte zu fallen, ist groß. Am vorausgegangenen Wochenende hat es noch einmal geschneit, die Schneedecke ist dick, aber unter den höheren Temperaturen schmilzt sie sichtlich dahin. Die scheinbare Sanftheit des Gletschers ist Augenwischerei, eine gefährliche Falle für Bergsteiger, die von ihm geschluckt werden, in seinen Innereien verschwinden, die kalt sind wie Leichenhallen. Die Spalten sind viele Meter tief, für keinen Bergretter zugänglich. Regelmäßig spuckt der Gletscher mehrere Jahrzehnte alte Leichen wieder aus.

Daniel schreitet mit Vorsicht voran, er scannt die triste Gletscheroberfläche, als hätte er einen Röntgenblick. Manchmal biegt er ohne ersichtlichen Grund ab, geht einen Bogen, während es das Einfachste wäre, geradeaus weiterzugehen, um an das andere Gletscherufer zu gelangen. Unser Abstand am Seil ist recht groß, fünf Meter trennen uns, typisch beim Überqueren eines Gletschers, erklärt mir Daniel, denn im Falle einen Sturzes hat der Nächste in der Seilschaft aufgrund der Länge des Seils genügend Zeit, um zu verhindern, dass er mitgerissen wird.

Nachdem der Gletscher überquert ist, halten wir am Fuß des ersten Berges an. Wir werden noch einige Dutzend Meter mit Steigeisen auf dem letzten Firn weitergehen, sie dann ablegen und unseren Weg auf dem Trockenen fortsetzen. Ich bin müde von dieser zweieinhalbstündigen Wanderung, die Sonne verbrennt mein Gesicht, und die Blase an meinem Fuß quält mich zunehmend. Ich versuche, den Gedanken an Schmerz und Erschöpfung in einer Spalte meines Bewusstseins zu versenken.

»Benutz deinen Eispickel als Stock, damit du dich beim Aufstieg nicht so sehr nach vorne beugen musst«, rät mir Daniel, dem die Anzeichen meiner Müdigkeit sicher nicht entgangen sind.

Was eine nette Abkürzung hätte sein sollen, erweist sich in Wirklichkeit als eine heimtückische Route, auf der wir gezwungen sind, über große Geröllhalden zu gehen.

Daniel rät mir zu größter Vorsicht, er löst mich vom Seil und erklärt mir, wie ich mich in diesem feindlichen Milieu verhalten muss. Mit jedem unserer Schritte riskieren wir, Steine ins Rollen zu bringen, die selbst wieder andere mitreißen und so eine Geröllawine auslösen können. Unter meinen Schuhsohlen spüre ich deutlich, wie der unsichere Boden immer wieder kurz davor ist, ins Rutschen zu geraten. Wenn sich die Felsbrocken gegenseitig anstoßen, scheppern sie wie ein altes Gebiss, das Gepolter hallt auf unheimliche Weise in der Echokammer des Tals. Diese Kletterei erfordert eine Konzentration, die an meinen Nerven zehrt und mich zwingt, alle zehn Minuten eine Pause einzulegen. Ich schimpfe auf Sylvain und seine Abkürzung. Selbst Daniel gibt schließlich zu, dass es nicht die beste Option war. Doch wir sind schon zu weit, um umzukehren. Wir haben keine Wahl mehr, müssen hier durch.

Plötzlich ein Schrei: »Steine! Steine!« Wie ein Schwarm Wespen prasseln Kiesel in unsere Richtung. Sofort zieht Daniel mich hinter einen Felsblock, der uns vor den Granitbomben schützt, die auf ihm aufschlagen. Ich sehe sie in einem Affenzahn unter uns zu Tal stürzen. Jetzt brüllt auch Daniel: »Steine! Steine!« Als er mit seinem Warnruf fertig ist, frage ich ihn, warum auch er gerufen hat, wo wir doch die Letzten unserer Gruppe sind. Er scheint meine Frage nicht zu verstehen.

»Vielleicht befinden sich andere Wanderer unten, andere zu warnen ist ein Grundprinzip in den Bergen.«

»Du hast recht. Ich dachte, wir seien allein.«

Mein Blick bleibt an einer alten, völlig zerbeulten amerikanischen Bierdose hängen. Ihr Anblick macht mich traurig, ich denke an Augustinus, der angesichts des fortwährenden und exklusiven Schauspiels der Welt die innere Einkehr empfiehlt. Er beklagt, die Menschen seien mehr damit beschäftigt, weite Räume zu erobern, anstatt sich selbst zu erkennen.

Gegen vierzehn Uhr kommen wir im Refuge de Tête Rousse an, einem einfachen Gebäude, dessen Betonwände mit nachgedunkelten Brettern ummantelt sind. Im Erdgeschoss werden die Bergsteiger, die in großer Zahl zum Mittagessen eintreffen, an einem Kiosk bewirtet. Der Service ist korrekt, mehr nicht. Wir kaufen nur das Nötigste, Schokoladentafeln und Erdnüsse. Es gibt eine große Holzterrasse. Sylvain und Jean-Christophe sitzen auf dem Boden mit dem Rücken am Geländer. Sie haben aus ihren Rucksäcken ausgepackt, was seit einer Woche unsere Hauptnahrung ist: Brot, Wurst, Trockenfleisch, Mandeln, Hartkäse und Mürbeteiggebäck. Ich sinke neben ihnen auf den Boden, wütend auf Sylvain, der uns diesen unnützen Umweg eingebrockt hat, auf dem ich meiner Ansicht nach meine Kräfte vergeudet habe. In meinem Alter zu schmollen ist sicherlich grotesk, aber die Erschöpfung und die Anspannung haben mich empfindlich gemacht wie einen jungen Buben. Ich schließe die Augen, versuche, meine schlechte Stimmung zu vergessen. Eine Hand legt sich auf meine Schulter. Mit einem Lächeln auf den Lippen richtet Sylvain das Wort an mich:

»Ich habe eine Überraschung mitgebracht, willst du sie sehen?« Er zieht ein Säckchen aus der Innentasche seines Blousons und öffnet es geheimnisvoll, als handelte es sich um Kokain. Er holt einen rotgelben Topf mit englischem Etikett heraus.

»Das ist Erdnussbutter«, sagt er mit breitem Lächeln im Gesicht, »jetzt lassen wir es uns schmecken, ich streiche dir ein schönes Brot, das liefert jede Menge Energie.«

Jean-Christophe kann sich eine Bemerkung nicht verkneifen: »Erdnussbutter? Er hat Erdnussbutter mitgenommen? Sie wollen Brot mit Erdnussbutter essen wie kleine Rotznasen.«

»Ich weiß, dass du darauf stehst«, gibt Sylvain zurück, »und wo du jetzt schon wieder amerikanische Zigaretten rauchst, kannst du dir dieses Vergnügen auch noch gönnen. Verneigen wir uns vor Tocqueville und Hemingway!«

»Armer Tocqueville«, sagt Jean-Christophe, »gut, ich betrachte es als Aufforderung, beim nächsten Mal mein Springseil einzupacken.«

Daniel tritt hinzu, legt einen Arm um Sylvains Schulter und meint:

»Ich schlage vor, wir spielen Ochs am Berg mit den hübschen Polinnen neben uns.«

»Um Bukowski zu würdigen«, sagt Jean-Christophe. »Sylvain, du sprichst sie an, du kannst doch Russisch, oder?«

»Der Eiserne Vorhang ist 1989 gefallen, und seitdem spricht man in Polen fließend Polnisch.«

»Kommt, wir brechen auf«, unterbricht Daniel, »bis zum Refuge du Goûter haben wir noch 1200 Meter Höhenunterschied vor uns.«

Der Couloir du Goûter ... Sie haben gut daran getan, mir vorher nichts davon zu erzählen. Es handelt sich um eine schmale, 300 Meter lange Rinne mit überhängenden Wechten, von denen bereits Stücke abgebrochen sind. Und darüber auch noch ein Haufen Geröll, das von diesen losen Schneeaufschüttungen kaum zurückgehalten wird. Nur ein einziger Pfad führt über diesen Engpass. Um ihn zu durchqueren, wurde ein Stahlseil von einer Seite zur anderen gespannt, Bergsteiger sind aufgefordert, sich daran einzuhängen. Eine Seilschaft geht uns voraus. Ein erster Bergsteiger stürmt los, er rennt über den Schnee, so schnell er kann, rutscht aus, läuft unter den ermutigenden Zurufen seiner Gefährten weiter. Die beiden anderen folgen ihm. Fasziniert und zugleich erschrocken bin ich Zeuge dieses Schauspiels.

»Warum rennen sie so?«

»Du bist dran«, ist das Einzige, was Daniel antwortet. Er hängt meinen Klettergurt am Kabel ein, prüft den Sitz meiner Steigeisen und zieht mich vorsichtig an die Kante der Rinne.

»Wenn ich ›jetzt‹ sage, rennst du los, bis du auf der anderen Seite bist. Du hältst nicht an, verstanden?«

»Ja, aber warum?«

»Das erkläre ich dir später. Bist du bereit?«

Ich hole tief Luft und nicke.

»Jetzt!«

Die ersten zehn Meter sind irreal, denn der Hang ist steil, die Querung schmal, tief ausgetreten von den Spuren der anderen. Ich höre, wie der Karabiner das Stahlseil entlanggleitet und dabei sirrt. Ich rutsche aus, stehe aber sofort auf, hinter mir schreit Daniel: »Weiter! Weiter!« Ich erreiche die andere Seite, meine Lunge brennt. Als Sylvain zu mir übergesetzt hat, verrät er mir den Grund für diesen seltsamen Spurt.

»Hier gibt es viele Unfälle. Siehst du die Steine dort oben? Wenn es taut, lösen sie sich und stürzen die Rinne herab wie Kanonenkugeln. Es ereignen sich in der Tat so viele tödliche Unfälle hier, dass die Leute den Couloir Todeskorridor genannt haben.«

»Diese Passage ist echt heimtückisch«, meint Jean-Christophe schlicht. »Dabei habe ich schon Zeiten erlebt, zu denen es schlimmer war, es gab fast keinen Schnee, und man konnte sich nicht am Seil einhängen. Da, sieh ...«

Plötzlich ertönt ein dumpfes Knacken wie von einem Baum, der gefällt wird, und ein Gestöber aus Schnee und Steinen ergießt sich in die Rinne. Ein paar Minuten später ist alles wieder ruhig, schon stürmt der nächste Bergsteiger los.

Meine Kameraden kündigen an, dass wir noch drei Stunden am Berg vor uns haben, bevor wir das Refuge du Goûter erreichen. Ich fordere von Daniel, dass wir öfter eine Pause einlegen. Sylvain und Jean-Christophe beschließen, vorauszugehen und im Refuge auf uns zu warten. Bei jeder Pause setze ich mich hin und schaue nach oben. Dieses verfluchte Gebäude in Form einer fliegenden Untertasse scheint unerreichbar. Nach zwei mühevollen Stunden ist es noch immer genauso klein, was meinen Willen schwer erschüttert.

»Bist du müde?«, fragt Daniel.

»Ja, ich bin völlig ausgepumpt.«

»Das ist normal«, beruhigt er mich mit einem Blick auf seinen Höhenmesser, »wir sind auf über 3600 Metern, dein Organismus arbeitet intensiver.«

»Ich bin kaputt, Daniel. Ist es noch weit?«

»Du hast all deine Energiereserven aufgebraucht. Du musst etwas essen.«

Er reicht mir ein Stück Marzipan, bei dessen herbem Geschmack es mir den Magen umdreht. Dann Feigen, getrocknete Aprikosen und einen Schluck gesüßten Tee. Seilschaften ziehen an uns vorbei, es ist viel los, wir werden uns alle im Refuge wiedertreffen, das an die hundert Schlafplätze zu bieten hat. Woher sie auch kommen, Bergsteiger sind zuvorkommend und höflich. Man grüßt sich, wechselt ein paar Worte. Man verständigt sich rudimentär in diesem bizarren »broken English«. Viele Seilschaften kommen aus Osteuropa. Wir begegnen einer Gruppe Montenegriner, die stolz ihre Nationalflagge tragen. Bei all diesen Jungs spürt man den Respekt, aber auch eine stille

Nachdenklichkeit, zu denen dieser Ort und seine Geschichte einladen.

Das letzte Stück des Weges zum Refuge ist eine körperliche Herausforderung, die durch den schlechten Zustand der Wand und die Enge der Passagen besonders schwer zu bewältigen ist. Das Eis hat während des Winters ganze Arbeit geleistet und den Felsen zugesetzt, sie sind mürbe, beim Griff an den Stein bleiben Brocken in den Händen, ich verliere das Gleichgewicht.

Um neunzehn Uhr erreichen wir, von der Westseite kommend, die fliegende Untertasse. Unsere Route endet auf der Terrasse, die fast um die gesamte stählerne Kugel verläuft. Wir erledigen die Anmeldeformalitäten, bezahlen die Übernachtung, das Abendessen. Bis hin zur elektronischen Gästeverwaltung ist hier alles brandneu, sogar die junge Angestellte scheint den Ort erst zu entdecken. Man spürt bei ihr eine leichte Nervosität, die nicht zwangsläufig mit Effizienz einhergeht. Mit einem Bier in der Hand kehren wir auf die Terrasse zurück. Sylvain und Jean-Christophe lehnen an der Wand und rauchen. Die Sonne steht noch sehr hoch am Himmel, ihre wärmende Kraft erzeugt die Illusion, woanders zu sein, am Meer vielleicht. 800 Meter trennen uns vom Gipfel des Mont Blanc, was wenig scheint, angesichts der 2000 Meter Höhenunterschied, die wir seit heute früh weggepackt haben.

Ich betrachte meine Beine, meine armen, müden Beine, und du, mein Herz, schlägst du noch immer*? Wie geht es dir, mein Kopf? Ich wage es, meine Socken herunterzustreifen. Wie vorauszusehen, finde ich keine Blase, sondern eine offene Wunde. Der Verband, den ich am Morgen angelegt hatte, hat nicht gehalten. Ich kann es nicht mehr länger vor Daniel verbergen, denn von jetzt an hindert mich diese Verletzung daran, normal zu gehen. Die letzte Stunde ist sehr schmerzhaft gewesen. Daniel inspiziert meine Füße gründlich.

»Im Gebirge sind Wunden an den Füßen immer ärgerlich, man muss sie ernst nehmen, aber dein Fall ist nicht allzu schlimm, ich werde dir ein Blasenpflaster drüberkleben.«

Kurz darauf kehrt er mit seinem Erste-Hilfe-Beutel zurück. Seine Handgriffe sind sicher, seine Finger zittern nicht. Neben uns neckt Sylvain Jean-Christophe:

»Wäre die Behandlung nicht eher eine Aufgabe für den großen Bergdoktor?«

Keine Reaktion. Jean-Christophe hält die Augen geschlossen. Wohin schweifen seine Gedanken gerade? Sucht er nach dem Stoff für sein nächstes Buch? Ein eigenartiges Gefühl ergreift mich, ich empfinde große Nähe zu meinen Gefährten. Ihnen habe ich es zu verdanken, dass ich dieses außerordentliche Abenteuer erleben darf. Wer weiß, was es wert ist?

»Das müsste für morgen genügen, damit wirst du gehen können und keine allzu großen Schmerzen mehr haben, vorsichtshalber gebe ich dir aber trotzdem noch etwas.«

Bei diesen Worten erwacht Jean-Christophe aus seiner Starre, er dreht seinen Kopf zu uns.

»Was genau willst du ihm geben?«, fragt er.

Daniel zieht zwei kleine Röhrchen mit homöopathischen Mitteln aus seinem Beutel.

»Er bekommt Opium«, sagt er. »Es muss acht Stunden, bevor man aufbricht, eingenommen werden, damit es seine Wirkung entfalten kann. Ich habe es schon einmal ausprobiert, und es hat gut funktioniert.«

»Hm ...« Jean-Christophe macht ein zweifelndes Gesicht: »Ich habe nie an diese alten Substanzen geglaubt, die man homöopathisch aufbereitet, aber in diesem Fall sieht es wohl anders aus. Ist da wirklich Opium drin?«

»Soviel ich weiß, sind es Dosen von stark verdünnten Opiaten. Nach dem Abendessen nimmst du eine weitere, das sollte dir dann morgen gegen den Schmerz, die Müdigkeit und den Muskelkater helfen.«

»Hast du nicht auch noch eine Dosis für mich, ich würde es gerne ausprobieren?«, sagt Jean-Christophe.

Daniel gibt ihm drei winzige weiße Kügelchen in die Hand, Jean-Christophe schluckt sie alle auf einmal.

»Hoffentlich bin ich morgen nicht vollkommen stoned ...«

Die Innenräume der Berghütte sind komfortabel. Im Speisesaal und in den Schlafräumen dominiert helles Holz. Es wirkt wie eine Ikea-Ausstattung auf 4000 Metern Höhe. Sylvain trinkt einen Wodka mit Russen, die am Würfeln sind. Einer der Köche schrappt auf seiner Gitarre, und die Russen singen lauthals mit. Jean-Christophe und ich gehen um 20.30 Uhr zum Schlafen hinauf. Obwohl wir müde sind, haben weder er noch ich Lust, ins Bett zu kriechen, doch um zwei Uhr früh ist Generalversammlung für den Abmarsch um drei Uhr. Widerwillig legen wir uns in unsere Stockbetten. Mit seiner eindrucksvollen Statur hat Jean-Christophe alle Mühe, sich von der winzigen Holzleiter aus auf sein Nachtlager zu hieven. Er murrt, beklagt sich, die Zimmerdecke sei zu niedrig, kämpft zehn Minuten mit seiner Bettdecke.

»Beten wir, dass ich heute Nacht nicht pissen muss«, sagt er, »sonst musst du mich abseilen.«

Im Zimmer ist es noch sehr hell, die Tage Anfang Juli sind lang. Ich komme mir vor, als übernachtete ich in Skandinavien, wo die Mitternachtssonne scheint.

»Du bist doch eine ambulante Apotheke, hast du nicht ein Schlafmittel für mich?«, fragt Jean-Christophe.

»Ich habe Stilnox dabei.«

»Perfekt.«

Er streckt seinen Arm herunter. Ich drücke zwei Stilnox aus der Packung und eine Xanax für mich.

»Sei aber vorsichtig mit den Benzodiazepinen, anders als Stilnox, das im Blut ziemlich schnell verschwindet, haben diese Moleküle eine Langzeitwirkung. Möchtest du Ohrstöpsel?«

»Ja, gerne. Ich bin etwas genervt wegen meiner Ferse, die Wunde schränkt mich beim Gehen ein.«

»Keine Sorge, es wird gehen, und wenn nicht, flößen wir dir zusätzlich zum Xanax Schnaps ein. So, und jetzt schlaf, bevor der andere Scherzkeks kommt, nachdem ihn die Russen vollkommen ausgenommen haben. Um ihn mach ich mir übrigens mehr Sorgen.«

Er steckt die Stöpsel in die Ohren und zieht seine Schlafmaske über die Augen.

Zwei Uhr früh. Im Schlafsaal geht das Licht an. Systematisch und unter allgemeinem Rascheln wird Stoff gefaltet, Kleidung verstaut. Die Bergsteiger betätigen sich wortlos. Unter meinem Bett kramt Daniel in seinem Rucksack, Jean-Christophe ist schon fast angezogen. Was macht Sylvain? Ich beuge mich hinunter. Er schnarcht lautstark und in voller Montur auf seinem Bett, das Bettzeug ist unangetastet.

»Er hat nicht einmal die Schuhe ausgezogen«, informiert mich Jean-Christophe, der ihn mit seiner Taschenlampe anleuchtet: »Jetzt seht euch den mal an, ich fasse es nicht, mit dem Typ geht's zurück in die Steinzeit!«

2.15 Uhr. Im Speisesaal herrscht das Schweigen der Bergsteiger, die sich über ihr Frühstück beugen. Durch die großen Glasfenster sehe ich tief unten Chamonix funkeln wie eine Minikrippe.

2.20 Uhr. Sylvain kommt herunter, er sieht verwirrt aus, setzt sich, nimmt seine Brille ab und sucht mit zusammengekniffenen Augen den Tisch nach einem Becher Kaffee ab. Man braucht kein Medizinprofessor zu sein, um zu erkennen, dass er einen schlimmen Kater hat.

»Wahrscheinlich habe ich gestern Abend ein wenig zu viel Wodka getrunken«, meint er augenzwinkernd zu mir.

Jean-Christophe blickt von seinem Becher auf und knurrt: »Wahrscheinlich hast du heute Nacht alle aufgeweckt mit dem Gebrüll, das du mit deinen Genossen aus dem Ostblock veranstaltet hast.«

»Wirklich? Habt ihr uns gehört? Mist«, sagt Sylvain, dessen Überraschung und Reue nicht gespielt sind.

»Wenn der Chor der Roten Armee in einer Hütte singt, ist er kaum zu überhören«, gibt Jean-Christophe zurück, bevor er sich wieder seinem Kaffee widmet.

2.40 Uhr. Der Trockenraum riecht nach Einlegesohlen und Gamaschen, die in der kurzen Nacht noch nicht getrocknet sind. Ich schlüpfe mit meinem gepflasterten Fuß in einen feuchten und eisigen Schuh. Draußen zeigt das Thermometer minus achtzehn Grad. Der Wind bläst in Böen. Doch die Aufregung, die Befürchtungen und die Kälte haben den Schmerz betäubt.

2.55 Uhr. Wir gehen auf die Plattform hinaus. Es ist stockdunkel. Unter uns, in der Ferne, haben sich bereits Seilschaften auf den Weg gemacht, die Lichter ihrer Stirnlampen reihen sich zu kleinen Raupen aneinander, die in der Dunkelheit leuchten. Ich denke an die Bergmänner in Zolas »Germinal«.

Der Aufstieg beginnt mit einer sanften Steigung, Sylvain und Jean-Christophe sind beide angeseilt, dahinter kommen Daniel und ich am Ende der Kette. Wir sind Glühwürmchen, die sich durch die dunkle Nacht bewegen. Obwohl unsere Lampen nur einige Meter weit leuchten, genügt das, um die Entfernung zu ermessen, die wir noch vor uns haben. Von dort, wo wir sind, sehe ich die Prozession der anderen Seilschaften blinken wie bei einer geheimnisvollen Pilgerreise. Ich spüre die spirituelle Dimension unseres Unternehmens. Man besteigt den Mont Blanc nicht nur, um eine sportliche Glanztat zu vollbringen, man tut es auch, um einen Gipfel in sich selbst zu bezwingen, für ein Gebet ebenso wie für die körperliche Herausforderung.

Daniels Opium hat den Schmerz an der Ferse nicht völlig ausgeschaltet, bei jedem Tritt mit dem Steigeisen spüre ich einen scharfen Stich. Daniel überwacht aufmerksam meinen Aufstieg, wir gehen am »kurzen Seil«. Er verlangt eine regelmäßige Gangart, das zwischen uns gespannte Seil zwingt mich zu einem Höchstmaß an Einsatz. Er ist konzentriert, schweigsam, wie die anderen Bergsteiger, die wir auf der Höhe des Dôme du Goûter überholen. Er hat mich vorgewarnt, dass es besser sei, nicht anzuhalten, bevor wir das Refuge Vallot auf 4362 Metern Höhe erreichen.

Ab einer Höhe von 4000 Metern wird der Sauerstoff knapper. Um diesen Mangel im Blut auszugleichen, schlägt das Herz schneller. Ich bin außer Atem und fühle mich, als wöge ich 300 Kilo. Etwas völlig Ungreifbares, ein bislang unbekanntes Gefühl lastet auf meinem Körper, beschwert und bremst ihn. Der Anstieg erscheint mir endlos, zumal das zu erreichende Ziel unsichtbar bleibt. Der Wind schlägt uns eisig ins Gesicht, Daniel zeigt mir mit einer Bewegung an, dass die Temperatur auf minus zwanzig Grad gesunken ist.

Das Refuge Vallot ist ein kahles, unbewohntes Gebäude, in das man sich bei Problemen zurückziehen kann. Wir machen eine Pause, um das Panorama zu genießen, das in den ersten Strahlen der Morgendämmerung auftaucht. Es ist fünf Uhr früh. Wir nehmen uns Zeit für einen Müsliriegel mit Feigen und zwei, drei Schluck siedend heißen, nach Süßholz schmeckenden Tee. Dann machen wir uns an die Besteigung der Arête des Bosses. Der Hang ist sehr steil, ich wage nicht zurückzublicken.

Sylvain und Jean-Christophe sind weit voraus, ich sehe sie im goldenen Licht, das den Berg streichelt, aufsteigen. Auf der Arête des Bosses, der letzten Etappe vor dem Mont-Blanc-Gipfel, überwältigt mich der großartige Blick über die Alpenkette mit ihrer unübertrefflichen Schönheit. Alles ist an seinem Platz, jede Farbnuance, jede schneebedeckte Kuppe, jede Felskante fügt sich in die Partitur dieser lautlosen Oper.

Während dieser letzten Etappe fällt mir jede Bewegung schwer, es ist ein ständiger Kampf gegen das Gefühl zu ersticken, sobald das Tempo steigt. Daniel macht mir Mut, empfiehlt mir, in meinem Rhythmus zu gehen. Die letzten 200 Höhenmeter sind die härtesten, manche geben hier scheinbar auf.

Und plötzlich sehe ich hinter einem Vorsprung, in der Verlängerung des schmalen Grats, dem wir folgen, die schöne, makellose Kuppe des Mont Blanc. Bei unserer Ankunft erwarten uns Jean-Christophe und Sylvain. Um sie herum haben bereits andere Seilschaften ihre Eispickel in den Schnee gerammt und stehen wie versteinert in der Betrachtung der alpinen Welt, die sich unter ihnen ausbreitet. Als ich auf meine Freunde zugehe, werde ich von Gefühlen überwältigt, sodass ich am liebsten weinen würde. Zum Glück werden mein Gesicht und meine Augen von der Bergsteigerkleidung verdeckt. Die verspiegelten Gläser meiner Sonnenbrille beschlagen von innen.

Es ist acht Uhr früh, wir sind auf 4810 Metern, dem höchsten Gipfel Westeuropas. Ich lasse mir Zeit, die Landschaft zu betrachten, die sich um mich herum abzeichnet. Zum ersten Mal in meinem Leben stehe ich auf einer natürlichen Erhebung, die alles überragt, was sich am Horizont befindet, und über die nichts je hinausragen wird. Der Gedanke mag banal erscheinen, aber hier drängt er sich auf. Auf jeden Fall ist es die einzige ehrliche Antwort auf die Frage, die ich mir als Kind gestellt habe, als ich den Mont Blanc vom Tal aus bewunderte und dabei unermüdlich darüber nachdachte, was Bergsteiger wohl empfinden mochten, wenn sie den Gipfel erreichten.

Es ist jetzt neun Uhr, die Sonne steht eine Stufe höher am Himmel, sie wärmt das Bergmassiv schon sehr. Der Wind hat sich mit einem Mal gelegt. Wir sitzen im Schnee, blicken auf die italienische Seite. Unter uns erstreckt sich das Aostatal. Wir lassen einen Flachmann mit Cognac herumgehen, der in dieser Höhe zehnmal intensiver schmeckt. Sylvain zündet eine Zigarre an. Er pustet kleine blaue Dunstwölkchen in die reine Luft.

»Ist es so, wie du es dir vorgestellt hast?«, fragt er lächelnd.

»Man kann nicht verstehen, wie es ist, bevor man nicht hier war. Es ist seltsam, ich kann nicht genau sagen, worauf ich jetzt Lust habe ...«

»Na, dann fang damit an, die Landschaft zu genießen«, meint Jean-Christophe.

»Ich glaube, so eine Woche habe ich noch nie erlebt. Ehrlich gesagt, ich habe gedacht, das schaffe ich nie. Meine Freunde, einen Toast auf den Gonzo-Alpinismus!«

Auf dem Gipfel des Mont Blanc ist es im Juli zu jeder Tageszeit Mittag, die Sonne steht senkrecht, und man sieht dem Himmel in die Augen.

»Du scheinst jedenfalls zufrieden mit unserer kleinen Spritztour zu sein«, sagt Sylvain zu mir, als wir unsere Handschuhe und Mützen anziehen, um wieder abzusteigen.

»Mir dreht sich alles im Kopf vom Cognac und der Zigarette.«

»Solange du deinen Kopf nicht verlierst, ist alles gut«, meint Jean-Christophe, der hinter uns vorbeigeht.

»Es kommt Wind auf, wir sollten keine Wurzeln schlagen«, meint Daniel, der weiter unten seine Expresssets zählt. »Komm her, Ludovic, wir gehen in etwas größerem Abstand am Seil, ein bisschen mehr Spiel erleichtert den Abstieg. Ich wiederhole noch einmal, worauf es ankommt, auch wenn du es schon weißt: Du trittst fest mit den Fersen in den Schnee und lässt dich nicht vom Hang beeindrucken. Vermeide es, dich zu verkrampfen, damit vergeudest du nur deine Kraft.«

»Ich glaube, es geht jetzt leichter.«

»Möglich, aber bleib konzentriert, wir müssen 2500 Höhenmeter hinter uns bringen, bevor es dunkel wird.«

»Los geht's! In einer Stunde sind wir beim Refuge Vallot, in drei Stunden beim Refuge de Tête Rousse, und in fünf Stunden sitzen wir beim Aperitif auf der Terrasse im Chalet!«, meint Sylvain und schüttelt seine Zigarre in den Windböen aus.

»Und ich trinke in zwei Stunden ein Bier im Refuge du Goûter. Ich habe keine Lust zu rennen und eine Bruchlandung auf einem Gletscher hinzulegen wie die ›Malabar Princess‹«, meint Jean-Christophe.

Wir gehen fünfzig Meter, dann halten wir am ersten, sehr steilen Abhang der Arête des Bosses an. Obwohl ich in dieser Höhe ein Riese bin, der über Täler schreiten und mit einem einzigen Satz die Genfer Ebene dort unten, hinter der Aravis-Kette, erreichen könnte, scheint mir der vor uns liegende Weg endlos.

»Der Augenblick ist gekommen, wo du über dein Schicksal entscheidest«, wendet sich Jean-Christophe ironisch an mich: »Entweder du nimmst den Weg links und beginnst ein neues Leben in Italien, was viele Vorteile hat. Oder du gehst geradeaus und betreust auch die nächsten Jahre diverse Schriftsteller. Überleg es dir gut. Wir könnten sagen, du seist abgestürzt und man werde deine tiefgefrorene, aber perfekt erhaltene Leiche in hundert Jahren finden und sie dann im Haus des französischen Verlegerverbands ausstellen können.«

»Und wenn wir heute Nacht hier kampierten, wäre das nicht originell?«, frage ich.

»Es ist verboten, und zudem setzte man sich der Gefahr aus, von den Windböen davongeweht zu werden.«

»Genau, dies ist Yeti-Gebiet«, ergänzt Sylvain, »ich habe Tschangs gelben Schal gesehen*.«

Je weiter wir absteigen, desto mehr geht die besondere Atmosphäre des Hochgebirges verloren. Eine Welt der Stille, in der der Wind das Geheul von Wölfen ans Ohr trägt, in der der Schrei der Dohlen ein menschlicher Ruf ist und das Krachen der Gletscher ein Saiteninstrument.

Die Höhe regt die Adrenalinausschüttung an, mein Herz schlägt schnell, der Schmerz schweigt, ich spüre das Brennen meiner Beinmuskeln nicht.

Am Ende der Arête des Bosses fällt der Weg zum Refuge Vallot ab. Er ist so steil, dass ich die Leere fast mit den Händen greifen kann. Wie an der Kante eines Sprungbretts werde ich von meinen Steigeisen über dem 300 Meter langen Steilhang festgehalten. Die Schritte sind wieder vorsichtig, der Abstieg erfordert erneut meine ganze Konzentration. An dieser Wand aus Schnee trete ich mit den Füßen nicht auf den Boden, sondern in die Grauzone zwischen Berg und Leere. Trotz des überwältigenden Glücks, das ich empfinde, ist mein Platz nicht hier. Ich habe mich ins Hochgebirge eingeschlichen, und wie jeder, der illegal in ein Gebiet eingedrungen ist, das ihn nicht haben will, fühle ich die Angst, an meinen Ausgangspunkt zurückgeschickt zu werden.

Erst gegen fünfzehn Uhr kommen die Gebäude des Refuge de Tête Rousse in 3167 Metern Höhe in Sicht. Sechs Stunden Abstieg am Stück haben meine Wunde wieder aufgerissen. Der Verband, den Daniel mir angelegt hat, bevor wir den Couloir du Goûter durchquerten, hat sich in der Socke in eine Masse aus Fleisch und Blut aufgelöst. Der Schmerz zieht durch meinen gesamten Körper, ich kann ihn nicht mehr genau lokalisieren. Die ganze Schönheit des Kargletschers, die ganze Schönheit der Gipfel, die ihn krönen und deren Farben keine Zeit bleibt, um sich zu verfestigen, die sich ständig verändern, all diese Schönheit macht ein Kurzschluss zunichte, der Schmerz heißt.

Die Terrasse des Refuge de Tête Rousse ist ein fröhlicher Tummelplatz, auf dem sich Bergsteiger, die vom Mont Blanc kommen, und die Anwärter auf seinen Gipfel herzlich begrüßen. Ich lasse mich etwas abseits auf eine Matratze aus Pulverschnee fallen, lege mich auf den Rücken und schließe die Augen.

»He, Ludovic, alles in Ordnung?«, fragt Daniel.

»Ich bin tot, ich kann meine Beine nicht mehr bewegen, und meine Wunde schmerzt wie verrückt.«

»Was macht ihr denn da? Wir werden hier doch nicht kampieren mit all diesen Barbaren«, mischt Jean-Christophe sich ein.

»Ludovics Batterien sind leer.«

»Wir sind bald da, nur Mut«, meint Jean-Christophe. »Und wir sollten nicht zu lange trödeln, denn die letzte Bahn vom Nid d'Aigle geht um achtzehn Uhr. Wenn wir die verpassen, müssen wir den kleinen Kuhsteig nehmen, der ins Tal nach Saint-Gervais führt. Es wäre doch zu blöd, wenn wir zwei Stunden sinnlos wandern müssten.«

»Wenn ich richtig verstehe, müssen wir uns also beeilen, denn es ist schon sechzehn Uhr«, sage ich.

»Wir werden schnell sein«, sagt Daniel, »und du wirst deine Beine nicht brauchen. Auf geht's!«

Sobald wir die Hütte umrundet haben und die Tête Rousse hinter uns liegt, befinden wir uns über einer großen Rinne, breit wie eine Skipiste, in der sich auf schier endlose Weise der Weg hinunterschlängelt. Daniel pflanzt seinen Eispickel in den Schnee.

»So. Du machst es mir jetzt genau nach«, sagt er, hockt sich in den Schnee, den Rucksack auf den Bauch geschnallt. »Okay?«

Noch bevor ich antworten oder gar verstehen kann, was vor sich geht, wirft sich Sylvain mit Gejohle flach auf dem Bauch in den Hang. Mit angewinkelten Waden gleitet er wie ein Surfer auf einer Welle den Hang hinab. Ich sehe, wie er schneller wird und Wanderer überholt, die ihm lachend hinterherschauen. Ich setze mich meinerseits auf den Hintern und stürze Daniel hinterher, der die Rinne hinabschießt, als lenkte er einen Bob. Freudenschreie schwellen in meiner Kehle, und ich beginne, voller Begeisterung zu jauchzen wie die anderen. Plötzlich überholt mich zu meiner Rechten Jean-Christophe, seine lange Statur zieht ihn in eine schnellere Schussfahrt. Wenig später hat er Sylvain erreicht, der weiter in Führung liegt. Meine Schmerzen sind verflogen, ich sause wie ein Bengel den Hang hinunter und nehme die Verfolgung meiner Kumpel auf. Fünfzig Meter unter mir gleichen sie Hubschraubern im Formationsflug.

Im Rausch dieser Rutschpartie spüre ich, dass ich eine schwere Last losgeworden bin, eine Traurigkeit, die ich nicht benennen kann. Und es bedurfte dieser Schar schräger Vögel, dieser als Bergsteiger verkleideten Schriftsteller, um mir dabei zu helfen, diesen unglaublichen Sturm zu überstehen. Mit meinem Jauchzen bekunde ich auch meine Dankbarkeit, ich brülle »Merci!«, denn ich bin sicher, es würde sie verlegen machen, wenn ich es ihnen ins Gesicht sagte. Doch hier, zwischen unseren irren Hurra-Rufen, während ich die bitteren Erinnerungen an die letzten zehn Monate abwerfe, kann ich ihnen sagen, wie dankbar ich ihnen bin.

Ende Juli, die Pariser verlassen Paris. Ich bin zurück in meinem Büro in der Rue Sébastien-Bottin und nehme die Komplimente derer entgegen, die noch nicht in die Ferien gefahren sind. Man erzählt mir, dass Antoine Gallimard bei der letzten Lektorenkonferenz die wenigen Fotos herumzeigte, die ich per Internet vom Gipfel des Mont Blanc versendet habe und auf denen ich von Jean-Christophe, Sylvain und Daniel umringt bin.

Im Flur begegne ich Pierre Nora, einem Mitglied der Académie française. Wir grüßen uns, und er sieht mich neugierig an.

»Ich habe gehört, Sie haben den Mont Blanc bestiegen. Ich wusste gar nicht, dass Sie Bergsteiger sind ...«

»Ich wusste es selbst nicht, es war das erste Mal.«

»Wirklich? Und Jean-Christophe?«

»Der macht das schon mehrere Jahre, er ist ein sehr guter Bergsteiger.«

»Und dieser junge Mann ... wie heißt er nochmal?«

»Sylvain …«

»Ja, genau. Er ist Schriftsteller und Abenteurer, richtig?«

»Wenn man es so nennen will.«

»Was für eine Geschichte … Aber sagen Sie, begleitet Jean-Christophe Sie auf Ihren Touren? Vermutlich nicht, denn Sie sind ja nicht im selben Alter.«

»Er begleitet uns nicht nur, er geht häufig sogar voran und legt den Weg fest.«

»Unglaublich. Er macht so viel, und jetzt erfahre ich auch noch, dass er Bergsteiger ist. Erzählen Sie mir doch ein wenig von Ihrem Abenteuer.«

»Der Aufstieg hat zwei ganze Tage gedauert. Wir haben im Refuge du Goûter übernachtet und sind um zwei Uhr morgens aufgestanden, um bis acht Uhr auf dem Gipfel zu sein.«

»Herrlich! Wirklich, ich beglückwünsche Sie, denn wissen Sie, ich bin auch ein großer Freund der Berge, aber mir wird schrecklich schwindelig, und ich kann nicht sehr hoch hinauf. Ich bedauere das sehr.«

»Das habe ich bis zu diesem Sommer auch von mir gedacht. Mit der Hilfe meiner Freunde ist es mir gelungen, mich nicht vom Schwindelgefühl beeinflussen zu lassen.«

»Und was haben Sie gesehen?«

»Am meisten hat mich überrascht, dass man fast überall auf die Spuren der Männer stößt, die diese Berge als Erste bestiegen haben. Viele Routen tragen zum Beispiel ihre Namen, außerdem findet man religiöse Kultgegenstände. Es ist seltsam, auf einem Gipfel anzukommen, den man für unberührte Natur hält, und auf der Spitze steht man plötzlich vor einer kleinen Jungfrauenstatue.«

»Das ist eine interessante Erfahrung. In Frankreich nehmen die Geschichte und ihre Manifestationen in der Landschaft einen sehr wichtigen Platz ein. Was haben Sie gemacht, als Sie endlich oben waren?«

»Ich habe mich ausgeruht! Nach der großen Angst, die ich hatte, habe ich versucht, den Ausblick auf die Landschaft zu genießen.«

»Ich verstehe nicht. Wollen Sie mir sagen, dass Sie keine Schwindelgefühle mehr hatten?«

»Genau, ich hatte keine Schwindelgefühle mehr, aber immer noch eine Heidenangst vor dem Abgrund. Wir haben alle Angst vor dem Fallen, ich glaube, das hält uns davon ab, etwas Verrücktes zu tun.«

»Offenbar hat Ihr Freund ... Wie heißt er doch gleich?«

»Tesson ...«

»Richtig ... Offenbar hat Tesson diese Probleme nicht. Und wie ergeht es Jean-Christophe beim Bergsteigen? Ich begegne ihm immer nur auf den Fluren der Académie, doch in einer Seilschaft und mit einem Klettergurt ... Das verwundert mich, ich kann ihn mir so gar nicht vorstellen.«

»Er beherrscht den Umgang mit den Gerätschaften. Es gibt viele Seilmanöver und komplizierte Knoten, die man machen muss, während man sich in der Wand befindet und manchmal auch frei über dem Abgrund hängend.«

Er tritt dicht zu mir, als könnte er mich so besser abschätzen, kneift die Augen zusammen und ergreift nach kurzem Schweigen meinen Arm.

»Aber dann ist er ja ein Held, ein echter Held!«, erwidert er und verschwindet winkend in entgegengesetzter Richtung im Flur.

Ich sehe ihn weggehen, während ich an die Bücher denke, die er herausgegeben hat, besonders an die »Erinnerungsorte Frankreichs«*, ein Buch, das während meines Geschichtsstudiums ein Standardwerk war, auf das man sich regelmäßig bezog. Dass die Beiträge darin von Zeitgenossen stammten, konnten wir uns damals kaum vorstellen, denn ihre erstklassigen Analysen sind von zeitloser Gültigkeit.

Seit dieser Begegnung sprechen Pierre Nora und ich über die Berge, wenn wir uns sehen. Er lässt sich gern von meinen Gipfeltouren erzählen und von diesen urtümlichen Monumenten, auf denen die Geschichte der Menschen auch ihre Spuren hinterlassen hat.

September, eine Pariser Nacht nimmt um zwei Uhr früh ihren Ausgang. Der Herzschlag links und rechts der Seine verlangsamt sich, der Fluss lässt sein kaltes Wasser wie eine Arterie an den noch warmen Ufern vorbeiströmen. Die harte Hand des Gesetzes hat die Eisenvorhänge der Bars im Quartier Latin geschlossen: Einzig ein großes Café an der Place Saint-Michel hat noch geöffnet, dort sitzen wir mit Sylvain auf der Terrasse. Wir haben einen langen Arbeitstag hinter uns. Wie William, unser englischer Freund, der sich zu uns gesellt. Er hat einen Veranstaltungsmarathon zu seinem neuen Buch über den britischen Geheimdienst absolviert.

Was tun?, scheint Sylvain mich stumm zu fragen, während das Mojito-Fieber in ihm aufsteigt. Ich betrachte die in der Nacht Gestrandeten, die aus der ganzen Stadt an der Fontaine Saint-Michel zusammenströmen. Ein heller Schrei lässt plötzlich den Lärm verstummen, die Köpfe drehen sich, aber es ist nur ein betrunkener junger Mann am

Brunnen, der seine Freunde anspritzt. Sylvain zeigt mit dem Finger auf die Île de la Cité, wo am Quai des Orfèvres die schmucklosen Gebäude der Kriminalpolizei stehen. Ich schüttle den Kopf, um seinen angedeuteten Vorschlag abzulehnen, und tippe mit dem Finger an meine Stirn:

»Du hast sie wohl nicht alle!«

»Das wäre eine Möglichkeit. Irgendetwas muss man doch tun, damit einem dieser schöne Abend nicht einfach durch die Finger schlüpft. Wie spät ist es, Genosse Lektor?«

»Es ist bald drei Uhr früh.«

»Fantastisch. Ich schlage vor, wir besteigen Notre-Dame. Was für eine Hose trägst du?«

»Eine Jeans.«

»Ausgezeichnet. Es sind fünf Minuten bis zu mir, in zehn Minuten sind wir ausgerüstet, und in fünfzehn Minuten stehen wir an der Kathedrale, bereit zum Sturm.«

»Und was macht William?«

»Wir werden jemanden brauchen, der Schmiere steht, wegen der Polizeistreifen. Ich stehe bei denen nicht im Ruf, ein Heiliger zu sein, wenn ich es so sagen darf.«

Sylvain wirft einen Geldschein auf den Tisch und treibt mich an, während wir den Boulevard Saint-Michel hinaufgehen. Durch das dunkle Laub der Kastanien ist ein braun-gelber Himmel zu sehen, der darauf wartet, dass wir in dieser letzten Sommernacht die Ausgangssperre brechen.

Wir laufen durch die warme Nacht, jeder mit einem Klettergurt, den wir über unsere Jeans gestreift haben. Sylvain trägt ein Fünfzig-Meter-Seil, Bandschlingen und Klemmgeräte, die an seinem Bein scheppern. An meinen Schenkeln baumeln Kletterschuhe, die ich mit einem Karabinerhaken an meinem Gurt befestigt habe, um Zeit zu sparen. Wir laufen die Rue Saint-Jacques Richtung Fluss hinunter, über die Brücke, dann überqueren wir den Vorplatz von Notre-Dame, wo sich bei den Büschen Schatten herumdrücken. Per Handy stehe ich mit William in Verbindung, der an der Straßenecke auf uns wartet, der besten Stelle, um unbemerkt die Absperrung zu überwinden, die Kirche und Platz umgibt. William hat sich in einem Hauseingang versteckt, in den kein Licht fällt, und raucht eine Zigarette. Ich bemerke seinen ängstlichen Gesichtsausdruck, seine Augen lauern auf jede Bewegung in der Umgebung.

»Fuck ... hier wimmelt es von Bullen!«

»Kein Wunder, gegenüber befindet sich die Polizeipräfektur, und wir leben mit den Sicherheitsmaßnahmen zum Schutz vor Terroranschlägen ...«

»Seit ich hier stehe sind sie schon zweimal mit dem Wagen vorbeigekommen«, sorgt sich William.

»Lasst uns keine Zeit verlieren«, sagt Sylvain, »William, wenn du siehst, dass die Polizei uns entdeckt hat, rufst du Ludovic an, dann können wir auf der anderen Seite entkommen.«

Er stürmt über die Straße, ich klemme mich an seine Fersen, um mitzuhalten. Er klettert eine Laterne hinauf, springt über den Gitterzaun und landet im Kies. Ich benötige etwas länger, um dieses erste Hindernis zu überwinden, denn ich bin nicht so geschmeidig und wendig wie er. In der Hocke, Rücken an Rücken, schnüren wir unsere

Kletterschuhe und hängen unsere Stadtschuhe an die Gurte. Am Fuß des Gebäudes herrscht größere Dunkelheit. Sylvain knipst seine Stirnlampe an. Eine seltsame Stille erfüllt diesen Ort. Er zeigt mir den Weg, um auf das Dach zu gelangen. Er führt über ein Fallrohr der Dachrinne nach oben, das zwischen einer Kapelle und der Kirchenfassade liegt.

»Hör gut zu. Ich werde hier hochklettern und die Bandschlingen setzen, damit du leichter raufsteigen kannst. Warte unbedingt, bis ich ganz oben bin, bevor du nachkommst, denn ich werde dich dann vom Dach aus mit dem Seil sichern.«

Mit seinem Atem kommt mir ein Hauch Rum entgegen, und ich frage mich, ob das eine gute Idee ist.

»He! Hast du verstanden?«

»Ja, aber pass bloß auf, dein Plan kommt mir grenzwertig vor.«

»Wenn man sich hier die Knochen bricht, hat das den Vorteil, dass alles in der Nähe ist: die Polizei, der Rechtsmediziner und der Pfarrer. *Dawai! Dawai!*«

Er klettert ein paar Meter an dem Rohr hinauf, dann stoppt er. Ich höre ihn schnaufen und vor sich hin schimpfen.

»Was ist, Sylvain?«, frage ich leise.

»Verflixt und zugenäht! Die Behörden haben das Fallrohr mit Fett eingeschmiert, um zu verhindern, dass jemand hinaufklettert. Diese Mistkerle!«

»Na dann, komm runter ...«

»Kommt nicht infrage, heute Nacht besteigen wir Notre-Dame ...«

Das eingefettete Blech gönnt ihm keine Atempause, er lässt nicht locker, ringt verbissen mit dem Fallrohr. Ich höre ihn auf das Opus Dei und die Beamten vom Denkmalschutz schimpfen. Doch nach vierzig Minuten gnadenlosen Kampfs sehe ich seine Silhouette vor dem braun-gelben Himmel auf dem Sims stehen. Mithilfe der Bandschlingen, die Sylvain gesetzt hat, schaffe ich denselben Aufstieg in einer Viertelstunde. Der Schweiß rinnt mir über die Wangen, es ist ein Kraftakt, bei dem man sich ständig mit den Armen hochziehen muss. Auf meinen Handflächen spüre ich das Fett, das ich über meine Stirn verteile, wenn ich sie abwische.

»Alles in Ordnung?«, fragt er.

»Ich habe mich eingeklinkt, ohne mir groß Gedanken darüber zu machen.«

»Dieses Fett ist höllisch und gefährlich. Ich frage mich, wie die Behörden auf diese perverse Maßnahme gekommen sind. Das ist wirklich nicht gerade brüderlich. Sieh mal«, sagt er und strahlt mit der Taschenlampe eine Skulptur ein paar Meter vor uns an, die einen Adler darstellt, der seine Flügel entfaltet.

Wir stehen unter der Turmspitze der Kathedrale. Sylvain teilt mir mit, dass wir bis auf die höchste Spitze hinaufklettern werden. An jeder Flanke und auf zwei Ebenen sehe ich mit Ziergiebeln gekrönte Fenster über mannshohen Kupferstatuen. Es sind, jeweils in Dreiergruppen, die zwölf Apostel und dazu die Symbole der vier Evangelisten. Der Apostel Thomas in der Figurengruppe auf unserer Seite trägt, wie mir Sylvain erklärt, die Gesichtszüge von Viollett-le Duc, dem Architekten, der die Kathedrale im 19. Jahrhundert restauriert hat. Ich betrachte das ernste Gesicht der mit Grünspan überzogenen Skulptur – es wäre besser gewesen, wenn man ihm die Züge Victor Hugos gegeben hätte, denke ich. Im Gegensatz zu den anderen Figuren dreht Viollet-le-Duc den Kopf zur Kirchturmspitze, als wollte er sich dem Blick der Beobachter entziehen und eifersüchtig sein Werk bewundern.

»Es ist herrlich«, sage ich zu Sylvain, »ich wusste nicht, dass es auf dem Dach so viel zu sehen gibt, das ist ein richtiges Museum.«

»Was hältst du von der Statue des Architekten?«

»Originell und recht hochmütig. Das muss man sich erst mal trauen, ein solches Monument mit der eigenen Visage zu bestücken, Bescheidenheit war wahrscheinlich nicht seine Sache.«

»Ja, denke ich auch. Man kann sich des Gedankens nicht erwehren, dass diese Kirche die Künstler verhext, die ihr zu nahe kommen.«

Über uns ragt die vierzig Meter hohe Turmspitze in den Himmel, ich erahne die Kommata der kleinen Zinnen, die sich in regelmäßigen Runden bis ganz hinauf ziehen. Wir nützen diese natürlichen Griffe zum Klettern. Der warme Wind dieser Septembernacht erinnert mich an den Schirokko, der in Marseille bläst und die Autos mit rotem Sand bestäubt. Der Kegel des Kirchturms läuft fast so spitz zu wie eine Kompassnadel.

Oben angelangt setzen wir uns jeder auf eine Seite und binden uns mit dem Seil fest, damit wir auf diesem Gipfel gut gesichert sind. Bis zum Boden sind es genau 93 Meter. Wir haben einen einzigartigen Blick auf Paris, denn im nächtlichen Panorama sind ab der Île de la Cité nur noch die historischen Baudenkmäler der Stadt sichtbar: der Turm Saint-Jacques, das Panthéon, Saint-Sulpice und die Kuppel des Institut de France. Die Wolkenkratzer von La Défense sind nicht zu sehen. Sylvain zündet sich eine Zigarre an, er benötigt mehrere Versuche, denn der Wind bläst die Streichhölzer immer wieder aus.

Wenn man nachts von hoch oben auf die Stadt hinabblickt, bemerkt man einige Gebäude mit der besonderen Eigenschaft, dass ihre Fassade ganz oder teilweise lichtdurchlässig ist. Nach dem Vorbild gewisser phosphoreszierender Organismen verbreiten ihre Fenster ein orangegelbes Licht. Es ist halb fünf Uhr morgens, und wir rauchen, unsere Kleider sind rußverschmiert wie bei Schornsteinfegern. Sylvain mustert mich, während er die Zigarre zwischen seinen schwarzen Fingern dreht.

»Es ist herrlich, aber man ist total geschafft«, sage ich.

»An diesem verflixten Regenrohr raufzukommen, hat mich echt fertiggemacht. Normalerweise ist es einfacher. Weißt du, als ich auf dem Mont Blanc sagte, wir würden in einer Epoche leben, in der alles zerbröckelt, habe ich das nicht nur im Spaß gemeint. Ich glaube nach wie vor, dass trotz all unserer Maschinen noch immer der Stein triumphiert, der uns am Schädel trifft.«

»Das Risiko besteht hier nicht.«

»Vielleicht sehnt sich der Mensch nach Schwäche. Ich habe den Eindruck, auf die eine oder andere Weise strebt er danach, besiegt zu werden. Seltsam, auf dem Gipfel seines Könnens tut der Mensch alles, um gestürzt zu werden, findest du nicht?«

»Ein Fehler in unserer Steuerung.«

»Ja«, sagt er lachend. »Eine gute Nachricht gibt es jedoch … Hast du nichts bemerkt?«

»Nein.«

»Wir sitzen seit einer Stunde in 90 Metern Höhe, und dir wird nicht schwindelig.«

»Stimmt, das hab ich ganz vergessen.«

»Kamerad, der Moment ist gekommen, das Ende deiner Schwindelgefühle zu feiern.«

Anmerkungen

Seite 66: *Wir folgen fröhlich dem Rat von Stendhal, »SFCDT«:* Akrostichon von »**S**e **F**outre **C**arrément **D**e **T**out« (wörtlich: »sich einen Scheißdreck um alles kümmern«) – es stammt aus einem Brief Stendhals vom 24. März 1835 aus Civitavecchia an Jean-Jacques Ampère.

Seite 68: ... *mein »elendes Häufchen Geheimnisse«*: zit. n. André Malraux, »Die Nußbäume von Altenburg«, in: »Anti-Memoiren«, übers. v. Carlo Schmid, Frankfurt a. M. 1968, S. 26.

Seite 79: ... *ich war ein »kleiner Mann von hinten«*: Titel eines Romans von Richard Morgiève, »Ein kleiner Mann von hinten«, übers. v. Barbara Heber-Schärer u. Claudia Steinitz, München 2009.

Seite 102: ... *mit seiner Zigarre und der Kapitän-Haddock-Mütze:* Kapitän Haddock ist eine Figur aus der Comicreihe »Tim und Struppi«.

Seite 122: ... *und du, mein Herz, schlägst du noch immer:* nach dem Titel einer Gedichtanthologie von Jean d'Ormesson aus dem Jahr 2003: »Et toi mon cœur pourquoi bats-tu«, Paris.

Seite 137: ... *»ich habe Tschangs gelben Schal gesehen«:* Anspielung auf den Band »Tim in Tibet« aus der Comicreihe »Tim und Struppi«.

Seite 146: Pierre Nora (Hrsg.), »Erinnerungsorte Frankreichs«, übers. v. Michael Bayer, Enrico Heinemann, Elsbeth Ranke, Ursel Schäfer, Hans Thill u. Reinhard Tiffert, München 2005.